ZWILLINGE
das Magazin

Das Mitmach-Magazin für Zwillings- & Drillingseltern

Band 29
November/Dezember 2017

© Marion von Gratkowski
Postfach 40 11 11
D-86890 Landsberg
Tel. 0049-(0)8344-809 95 39
info@twins.de
www.twins.de
Redaktion: Marion von Gratkowski
Titelzeichnung: Uta Knyrim
Fotos & Texte: Privat
Herstellung & Verlag: BoD - Books on
Demand, Norderstedt
1. Auflage November 2017
ISBN 978-3-7460-1535-4 (print)

ZWILLINGE - DAS MAGAZIN Ausgabe Nov./Dez. 2017 Nr. 29: 7,99 Euro, auch als E-Book für 5,99 Euro. ISBN 978-3-7460-1535-4

Bestellbar auf www. twins.de oder im Buch-handel - online & Laden.

Liebe Leserin, lieber Leser,
liebe Zwillingseltern, liebe Drillingseltern,

traditionell gibt's bei uns immer zum Jahresende einen kleinen Jahresrückblick, wie sich unsere kleine Zeitschrift entwickelt hat. Zum Jahresbeginn habe ich ja die Zeitschrift ZWIL-LINGE, wie sie fast 30 Jahre lang existiert hat, eingestellt. Das letzte Heft wurde im Januar 2017 verschickt. Damals an noch 750 Abonnenten.

Den Schritt zum neuen Abonnement, zum neuen ZWILLINGE - das Magazin, haben nur

etwa 70 Abonnenten mitgemacht, also nur etwa zehn Prozent. Relativ wenig, wenn man bedenkt, dass ganz viele sehr traurig waren, dass ich ZWILLINGE einstellen musste, weil sich so kleine Auflagen eben nicht mehr kostengünstig herstellen lassen. Hinzugekommen sind circa 50 neue Abonnenten. Und das ist angesichts der immer noch sehr vielen Zwillingsgeburten pro Jahr (circa 12.000) eine traurige Zahl. Man kann es nicht leugnen - das Internet hat den Printmedien den Rang abgelaufen.

Lohnt es sich, unter diesen Umständen ZWILLINGE - das Magazin weiterzumachen? Auf alle Fälle, denn Dank der kostengünstigen Produktion einzelner Hefte bei books on demand (Firma in Norderstedt, die Bücher ab 1 Stück Auflage produziert) kann ZWILLINGE in der jetzigen Form noch eine Weile weiter laufen. Natürlich ist die Druckqualität nicht so exquisit, Farbseiten müssen extra und teuer bezahlt wer-

Constantin (von links), Nicolai, Maximilian und Marion von Gratkowski

den. Anfangs war der Druck auch oft streifig. Aber, ich kann das Magazin weitermachen, weil ich keine hohen Auflagen vorfinanzieren muss. Und das neue Heft hat doppelt so viel Inhalt wie ein bisheriges Heft. Der Trick dabei: Füllseiten weglassen.

Was schade ist, ist, dass wir sehr wenig Beiträge von unseren Lesern und Leserinnen erhalten. Und mit den ehemaligen Kunden sind auch einige gute Schreiber gegangen, die sich nicht einmal durch das Angebot, das jeweilige Heft gratis zu bekommen, erweichen lassen, etwas für ZWILLINGE - DAS MAGAZIN zu schreiben. Aber bisher ist noch jede Ausgabe „voll" geworden und inhaltlich sicher nicht schlechter als früher.

Diesmal lesen Sie etwas über das Zwillinge stillen (Seite 14), das Mobil bleiben im Winter (Seite 22), Trotz (ab Seite 30), wir machen Bastelvorschläge ab Seite 40 und lassen unseren Autoren Siegmar Stücher über sein Buchprojekt und das Zwillingstreffen in Bielefeld erzählen (ab Seite 51).

Viel Spaß beim Lesen – Ihre/Eure Marion von Gratkowski

Zu folgenden Bereichen/Themen suchen wir noch Beiträge:

- Schwangerschaft & Geburt
- Stillen/Fläschchen füttern
- Schlaflose Nächte
- Umstellung auf feste Kost (Brei)
- Bastelideen, Beschäftigung, draußen & drinnen
- Streit, Konkurrenz, enge Verbindung

- Kindergartenstart
- Schule - Trennung oder nicht?
- Urlaubsideen für Winter & Frühling
- Rezepte für das Backen & Kochen mit Zwillingen

Wie Sie Ihre Beiträge schicken können, steht diesmal auf Seite 18. Eine Liste mit Büchern, die wir gegen einen Beitrag verschenken, finden Sie auf www.twins.de

Wichtige Mitteilung für unsere Abonnenten

Das erste Jahr ist um und wir freuen uns, dass es uns gelungen ist, die neue Zeitschrift genauso interessant wie die bisherige zu gestalten. Wir hatten erst ein Abonnement bis auf Widerruf angeboten, was sich allerdings organisatorisch nicht auf Dauer durchführen ließ. Jetzt laufen Abos immer mindestens 1 Jahr.
Nun ist das erste Jahr um und die Mehrzahl unserer Abonnenten muss sich entscheiden, ob sie ZWILLINGE - DAS MAGAZIN für ein weiteres Jahr lesen möchte. Falls nicht, müssen Sie schriftlich kündigen. Per E-mail, Brief oder Fax. Bitte nicht per Einschreiben. Sie erhalten immer eine Bestätigung, falls Sie per mail kündigen. Zeit haben Sie für Ihre Kündigung bis zum 31.12.2017. Die Rechnungen für das neue Abo-Jahr legen wir unserer ersten Ausgabe Januar/Februar 2018 bei.
Falls etwas unklar ist, schreiben Sie uns an info@twins.de

BEZUGSBEDINGUNGEN

- ZWILLINGE - DAS MAGAZIN löst unsere bisherige Zeitschrift ZWILLINGE ab.
- Erscheinungsweise: zweimonatlich.
- Erscheinungstermine sind: 29. Januar 2018, 26. März 2018, 28. Mai 2018, 30. Juli 2018, 24. September 2018 und 26. November 2018 (unter Vorbehalt) usw.
- Das Magazin kann einzeln oder im Abonnement bezogen werden.
- Einzelhefte kosten 7,99 Euro plus Porto 1,- Euro.
- Abonnements kosten 54,- € befristet auf 1 Jahr; 52,- € fortlaufend bis zur Kündigung eines Tages.
- Abonnements gelten fortlaufend und mindestens 1 Jahr = 6 Hefte.
- Die Kündigung muss schriftlich erfolgen per E-mail an info@twins. de oder per Brief (KEIN Einschreiben!!!) an unsere Adresse:

- ZWILLINGE, Postfach 40 11 11, D-86890 Landsberg am Lech.
- Unser Fax: 0049-(0)8344-809 95 40.
- Einzelhefte und Abonnements müssen vorausbezahlt werden.
- Unsere Bankverbindung: Hypovereinsbank Landsberg, Lutz von Gratkowski, IBAN: DE77 7202 0070 6110 3155 60, SWIFT-BIC: HYVEDEMM408
- Zahlung per Paypal geht in Verbindung mit unserer E-mail-Adresse. ABER: **Bitte Gebühren zu Ihren Lasten!**
- Alle Rechte für den Inhalt liegen bei Marion von Gratkowski, Verlag von Gratkowski, Postfach 40 11 11, D-86890 Landsberg.
- Unsere Internetpräsenz: www.twins. de, E-mail: info@twins.de
- Etwas unklar? Rufen Sie mich bitte an: Tel. 08344-809 95 39.

Briefe an die Redaktion

Eigentlich wollten wir die Rubrik „Leserbriefe" weglassen. Aber es wäre doch schade, wenn unsere Leserinnen und Leser keinen Beitrag mehr kommentieren dürften. Also - einigen wir uns darauf, nur zwei Seiten (statt bisher vier) zu veröffentlichen.

Svenja hat einen lustigen Buchtipp für uns, den wir auch gleich auf Seite 24 aufgreifen.

Was ich Sie noch fragen wollte: Ich habe kürzlich beim Stöbern im Netz ein Buch gefunden. Das ist ist von Eva und Peter Imhof. Es heißt: „Bei uns läuft's kacka". Kennen Sie das?

Es gibt da - glaube ich - auch einen YouTube Channel zu den Imhofs. Den habe ich mir aber nicht angeschaut. Da fehlt mir momentan ein bisschen die Zeit.

Eva Imhof beschreibt sehr lustig und humorvoll ihre ersten vier Jahre mit ihren Zwillingsmädels und wie sie und ihr Mann ihren Weg finden, mit zwei Kindern gleichzeitig „zu jonglieren".

Alles in allem ist es ein schönes und humorvolles Buch, dass man gut weglesen kann. Ich musste oft echt herzlich lachen, einiges fand ich auch nicht ganz gelungen beschrieben. Aber das ist ja auch Ansichtssache. Empfehlen würde ich es aber in jedem Fall, denn es ist absolut lesenswert. Vor allem, wenn man es an einem Tag liest, der alles andere als rund läuft. So war es bei mir und ich hatte sofort bessere Laune ...

Zwillingsfamilie P. feiert die Einschulung des großen Bruders Björn mit ein bisschen Wehmut.

So, nun ist es soweit, unser großer Bruder ist ab heute nicht mehr mit uns im Kindergarten. Was wir schade finden. Unser Björn ist jetzt ein Schulkind, worauf wir aber auch ganz stolz sind.

Mama sagt immer „ihr Baby Björn ist jetzt in der Schule." Ach, unsere Mama ... wir werden nun mal große Jungs und wollen die Welt erkunden. Unsere Mama hat schon ne Träne vergossen, als unser Björn

Wo soll die Reise hingehen? Erik als Fahrer und Lennart als Beifahrer. Mit Zwillingen braucht es schon eine Portion Humor, findet Svenja, die Mutter der beiden Autofahrer.

mit der großen Zuckertüte auf der Bühne stand. Und Papa ist auch ganz stolz auf unser Schulkind.

Wo sind die Jahre hin? „Die sieben Jahre sind wir im Flug vergangen", sagt Mama immer. Und seitdem wir da sind - Sören und Emil - ist die Zeit doppelt so schnell vorbei gegangen, da wir ja auch schon große Jungs sind mit fast vier Jahren.

Wir haben unseren Björn zu Hause im Garten mit unser Familie und Freunden gefeiert, ein Schwein gegrillt und Björn geholfen, eine Zuckertüte nach der anderen aufzumachen. Die Geschenke waren ja echt der Wahnsinn! So viele - das haben wir ja nicht Mal zu Weihnachten!

Da freuen wir uns jetzt auch schon auf unseren Schulanfang, aber da ist ja noch ein Weilchen hin ... Emil & Sören.

So schnell geht's: der „große" Bruder Björn kommt in die Schule.

Leonie und Leon basteln gerne. Wie gut, dass es die beiden „getroffen" hat, als wir das Buch „Tierischer Faltspaß" verlost haben. Sie haben gleich drauf los gebastelt (Ergebnisse im kommenden Heft). Ihre Mutter, Sabine, schreibt:
Stellen Sie sich vor - meine zwei fragten gerade: „Mama, hast Du noch so ein Buch?!"

Das sagt die Redaktion: Ja klar, vier sogar. Siehe auf Seite 40. Bewerben kann sich jeder, der einen Beitrag schickt. Dann gibt's wieder „Beitrag gegen Buch" - alle Titel zur Auswahl unter **www.twins.de**.

Die Zwillinge Leonie und Leon sind bastelwütig. Sie haben gleich alle Tiere gebastelt und brauchen jetzt Nachschub an Ideen.

Und plötzlich sind wir Großfamilie

Für Sophie war es eine Überraschung, Zwillinge zu bekommen. Da sich die Babys anscheinend nicht so entwickelten, wie sie sollten, musste die Schwangerschaft engmaschig überwacht werden. Letztendlich sind Elisabeth, die Kleine, und Mathilda gesund geboren.

So wie einige von Euch schon über die Schwangerschaft und die erste gemeinsame Zeit mit ihren Zwillingen erzählt haben, möchte ich gerne auch von unseren Erfahrungen berichten. Denn endlich schaffe ich es, auch mal zum Schreiben ein wenig Zeit zu finden.

Aber vorher stelle ich kurz meine Familie vor. Wir sind Mama Sophie, Papa Peter, Julius, der große stolze Bruder und natürlich die eineiigen Zwillingsmädels Mathilda und Elisabeth. Mittlerweile sind die beiden schon wieder anderthalb Jahre alt und rückwirkend fragen wir uns manchmal, wie wir alles so hingekommen haben, wie wir es bis jetzt gemeistert haben. ...

Wir haben uns noch ein zweites Kind gewünscht, da unser Sohn 2015 schon mittlerweile fünf Jahre alt war und im selben Jahr eingeschult werden sollte. Und so kam es Anfang 2015, dass der Schwangerschaftstest positiv ausfiel. Die Schwangerschaft wurde dann vom Frauenarzt bestätigt und nach ein paar Wochen habe ich mein erstes

Bild in den Händen halten können - mit *einem* Embryo darauf. Ich erzählte es gleich meinem Mann, der sich, so wie ich, freute.

Zwei Wochen später hatte ich abends starke Schmerzen im Unterbauch. Es war ein Tag vor meinem Geburtstag. Darauf bin ich in die Klinik gefahren (10. Woche) und habe es kontrollieren lassen. Dort wurde Blut genommen und Untersuchungen durchgeführt. Als die Ärz-

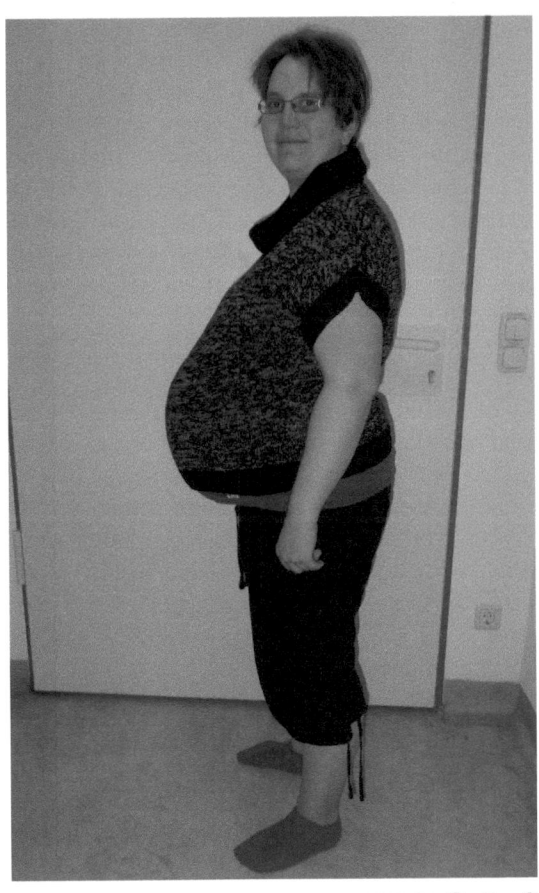

Kurz vor Schluss: Sophie trägt einen ordentlichen Bauch mit sich herum. Die Schwangerschaft verlief gut, wurde allerdings engmaschig kontrolliert, weil sich die Babys angeblich nicht entwickelten, wie sie sollten.

tin dann eine Ultraschalluntersuchung machte, war sie eine Zeit lang still und sagte dann ganz trocken: ,,Sie wissen aber schon, dass das zwei sind?" Nein, natürlich wusste ich es nicht. Da ich aber kein Wort hervorbringen konnte, sagte sie weiter: „Ach, Sie wussten es nicht?!, ... na dann wissen Sie es jetzt ... Ich hoffe, es ist kein Problem für Sie."

Alle Pläne über'm Haufen ...

Ein Problem nicht, aber unsere Pläne, die wir uns vorher von einem zweiten Kind gemacht hatten, wurden von jetzt auf gleich über den Haufen geworfen. Denn geplant war, dass ich das erste Jahr mit dem Baby zu Hause bleibe und mir somit viel Zeit nehmen kann, um meinen Sohn, der ja dann gerade in die erste Klasse gekommen ist, zu unterstützen.
Ich wusste nicht, was ich sagen sollte. Mir schwirrten im einen Moment total viele Gedanken durch den Kopf und im anderen Moment war da völlige Leere.
Zum Schluss sagte sie mir, dass ich am nächsten Tag nochmal zu meiner Frauenärztin müsste, da sie keine Trennwand zwischen den Kindern sehen könne und eines deutlich kleiner ist als das andere.
Danach bin ich nach Hause gefahren und habe krampfhaft überlegt, wie ich es zu Hause meinem Mann am besten sage, ohne dass er denkt, es wäre ein Scherz. Er hat vorher nämlich scherzeshalber, als wir noch von einem Kind im Bauch ausgingen, gesagt: „Nicht, dass es zwei sind!"
Zu Hause angekommen, habe ich ihm gesagt: „Du immer mit Deinen blöden Scherzen, von wegen es sind zwei ... Jetzt sind es tatsächlich zwei ..." Er saß auf dem Sofa und starrte mich mit grossen Augen an und sagte nichts darauf, so wie ich vorher in der Klinik. Gefreut hat

er sich in diesem Moment und auch die nächsten drei Tage nicht so richtig. Denn auf einmal würde die Wohnung zu klein werden etc. ... (Heute können wir uns ein Leben ohne die beiden nicht mehr vorstellen.)
Wie empfohlen ging ich am nächsten Tag wieder zum Frauenarzt - meine Ärztin war jedoch im Urlaub. Der Arzt konnte zwar eine Trennwand zwischen den Zwillingen feststellen (das war zumindest schon mal positiv), aber auch er sah, dass das eine Kind deutlich kleiner war. Er überwies mich prompt zur Feindiagnostik, um ein FFTS (fetofetales Transfusionssyndrom) auszuschließen.

Angstmache & viele Arztbesuche

Dieses wurde glücklicherweise an diesen und allen anderen Kontrolltagen nicht bestätigt. Jedoch war ab diesem Tag meine Schwangerschaft geprägt von vielen, vielen Arztbesuchen. Ich war im Wechsel alle zwei Wochen beim Frauenarzt und alle zwei Wochen beim Pränataldiagnostiker, nebenbei zur Humangenetik ...
Ein Beschäftigungsverbot bekam ich relativ schnell, da ich bis dato im Pflegeberuf arbeitete.
Die beiden Mäuse wuchsen von Woche zu Woche immer etwas mehr heran, zwar nicht in der Geschwindigkeit, wie es „normal" gewesen wäre, aber sie wuchsen. Und so vergingen die Schwangerschaftswochen.
„Nebenbei" wurde mein Sohn im Sommer eingeschult. Die ganze Organisation dieser Feier machte es mit dem dicken Bauch, den ich bis dahin dann schon hatte, nicht ganz so einfach, aber es klappte. Jedoch musste ich wenige Wochen später ins Krankenhaus, da ich die

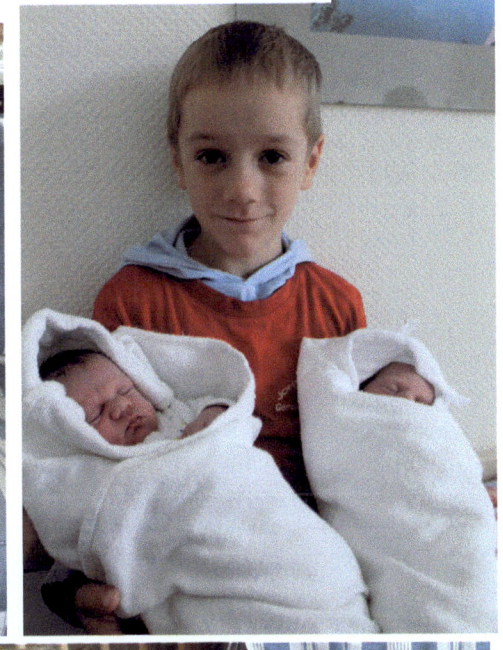

Stolzer Bruder Julius: Er freut sich, dass er jetzt zwei Schwestern hat. Die kleinere Elisabeth hat noch nicht aufgeholt. Sie ist und bleibt ein schwieriger Esser, auch wenn sie gesund ist und motorisch voll auf der Höhe.

kleinere Maus von beiden über den ganzen Tag nicht mehr gespürt habe und ein ungutes Gefühl hatte.

In der Klinik konnte zum Glück nichts Schlimmes festgestellt werden, jedoch sollte ich zur Beobachtung eine Nacht bleiben. Aus der einen Nacht wurde ein Wochenende, um noch einige CTGs zu schreiben und aus dem Wochenende wurden zehn Tage, da die Mädels nicht richtig gediehen und sie das beobachten wollten. Dass sie nicht so wuchsen, wie sie sollten, wussten meine Ärztin und ich ja von Anfang an und das stellte für mich keinen Grund dar, im Krankenhaus zu bleiben. Das sahen die Ärzte aus der Klinik jedoch anders.

Wann kann ich endlich wieder nach Hause?

So fragte ich nach zehn Tagen, nachdem die Entlassung von einem ja schon auf mehrere Tage verschoben wurde, wie lange ich denn noch hier bleiben sollte. Denn immerhin hatte ich ja noch ein Kind zu Hause. Da wurde mir gesagt, dass sie es sich so dachten, dass ich bis zum Kaiserschnitt in der Klinik bleiben sollte, also (nicht) gute fünf Wochen!!!

Da es aber den Kindern im Bauch soweit gut ging und ich zu Hause meinen Sohn hatte, habe ich mit den Ärzten vereinbart, dass ich von nun an täglich zu meiner Frauenärztin zur Kontrolle gehe. Die Klinikärzte fanden dies natürlich überhaupt nicht gut.

Dennoch - so konnte ich also nach fast zwei Wochen Aufenthalt, einer Lungenreifespritze, „Angstmache" durch die Ärzte und einem kurzen Schreck, dass es doch Frühchen werden könnten, wieder nach Hause gehen und es wurde ein Termin für die Geburt per Kaiserschnitt vereinbart.

Der Kaiserschnitt sollte sein, da sie in der Klinik nicht sagen konnten, warum das eine Kind so viel schlechter zunahm und wuchs als seine Schwester.

Wir haben es fast bis zum Ende geschafft!

So kam es dann auch, dass die beiden am 16.10.2015 mit 38+0 Wochen geboren wurden.

Elisabeth mit 41 Zentimeter Länge und 1.830 Gramm Gewicht und Mathilda mit 45 Zentimeter und stolzen 2.700 Gramm. Da die beiden sich im Krankenhaus gut machten, weder auf die Neonatologie mussten, noch andere Probleme hatten und sogar beide an der Brust gut tranken, durften wir alle nach einer Woche Krankenhausaufenthalt endlich nach Hause.

Die ersten zwei Wochen war mein Mann zur Unterstützung mit zu Hause, ging jedoch dann erst einmal wieder arbeiten. Über diese Hilfe war ich wirklich dankbar, denn jeder, der einen Kaiserschnitt hatte, weiß, dass man bei jeder Bewegung, beim Aufstehen und Heben noch einige Zeit Schmerzen hat und froh ist für jede Hilfe, die man bekommt.

Tolles Stillkissen: My breast friend

Trotzdem wollte ich weiterhin beide Kinder stillen, was auch super funktionierte. Ich hatte mir vor der Geburt das Zwillingsstillkissen „My breast friend" gekauft und war im Nachhinein dankbar, mich für dieses Kissen entschieden zu haben. Die ersten Wochen haben die beiden super zugenommen und auch vom Gewicht her aufgeholt, doch plötzlich stagnierte das Gewicht von Elisabeth, dem kleineren Zwilling.

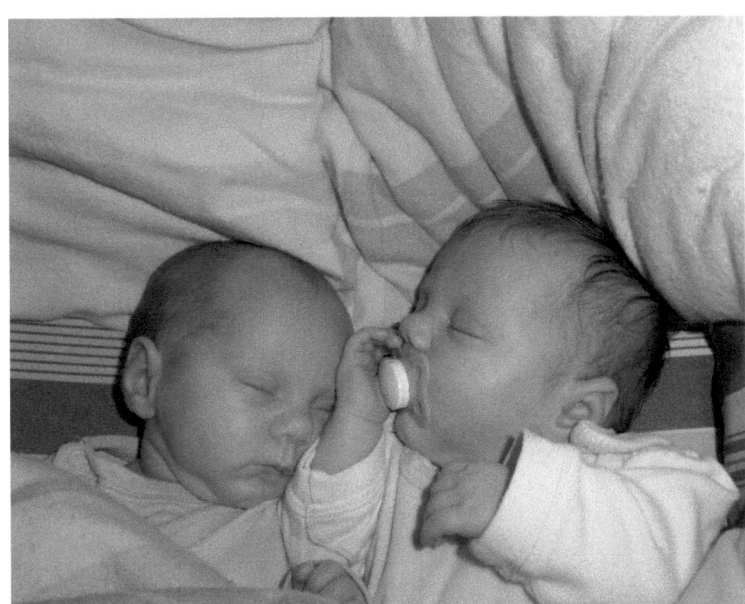

Elisabeth (links) bleibt „die Kleine" - in der Entwicklung steht sie ihrer „großen" Schwester Mathilde in nichts nach. Und das ist die positive Nachricht.

Stillproben zeigten, dass sie im Vergleich zu ihrer Schwester nur 20 bis 50 Gramm pro Mahlzeit trank. Aber auch zugefütterte, abgepumpte Milch über die Flasche verweigerte sie und wehrte sich teilweise so stark, dass sie die vorher über die Brust getrunkene Milch wieder erbrach. So gestaltete sich das erste Jahr essenstechnisch sehr schwierig.

Motorisch entwickeln sich beide sehr gut.

Aber motorisch entwickelten die beiden erfreulich gut. Sie spielen, krabbeln, streiten sich, vertragen sich. Und seit Februar 2017 laufen beide nun auch. Was nochmal mehr Action mit sich bringt.
Da das Essen weiterhin mit Schwierigkeiten verbunden war/ist, sollten wir eine Rehabilitation in einer Klinik, die auf diesem Gebiet Erfahrungen hat, beantragen. Dies taten wir auch und bekamen einen Termin Ende Februar in der Alpenblick Santa Maria in Bad Hindelang/ Oberjoch.

Wer jetzt nach dem Text glaubt, dass wir total unglücklich über die Situation und die Zwillinge sind, der täuscht sich. Wir lieben unsere Kinder (alle drei) über alles. Was wir aber aus dieser Schwangerschaft für das weitere Leben mitgenommen haben ist, dass man trotz „Angstmache" der Ärzte etc. trotzdem immer weiter positiv denken sollte und muss und manchmal über die Aussagen hinweg auf sein Bauchgefühl hören soll/kann.
Ich möchte auch keinem Angst machen, der gerade mit Mehrlingen schwanger ist, sondern lediglich meine Erlebnisse mit Euch teilen. Denn nicht jede Schwangerschaft ist wie die andere.

Ich mach's mir so angenehm wie möglich!

Trotz des ganzen Stresses in der Schwangerschaft habe ich versucht, mir diese so angenehm wie möglich zu machen.

(Sophie M.)

„Mama hoch 2" stillt ihre Zwillinge

Kann man Zwillinge stillen? Ein klares JA von Thea Lina Krause, deren Hebamme erhebliche Zweifel hatte. Für Zwillingsmama Krause erst recht ein Ansporn, es zu versuchen. Und dann ihre Erfahrungen über das Blog mamahoch2 - jetzt: realmenmaketwins.de - weiterzugeben.

Als ich noch in der Schwangerschaft meiner Hebamme gesagt habe, dass ich vorhabe, meine Zwillinge voll zu stillen, war ihre Antwort: „Das ist ein guter Vorsatz, aber ich kenne keine Zwillingsmama, die das geschafft hat."

Eine Hebamme ohne Ahnung?

Ja genau, Dankeschön und der Grund dafür ist wahrscheinlich genau dieser Satz.
Es ist doch so: Nicht umsonst kann man überall lesen, dass das allerwichtigste beim Stillen die Zuversicht und Entspanntheit ist. Wenn ich glaube, dass ich etwas kann, dann steigt die Wahrscheinlichkeit, dass ich es tatsächlich kann beträchtlich. Das war schon als Kind beim Geräteturnen so.

Der Punkt ist aber, wenn man dabei nicht unterstützt wird von den Leuten, die quasi nur dafür da sind, um einen zu unterstützen, dann ist es echt ein harter Kampf.

Meine Hebamme glaubte schonmal nicht an mich, na gut, das ließ mich recht kalt, weil ich ohnehin der Überzeugung war, sie nicht zu brauchen, es sei denn bei einem meiner Kinder würde jemals ein

Problem mit dem Nabel auftreten. Aber dann würde ich ohnehin zum Kinderarzt gehen.

Dann waren die beiden auf der Welt und in der Kinderklinik und ich wurde bereits am ersten Tag gefragt, ob ich sie jetzt stillen möchte. Ich war glücklich über soviel Vertrauen, sagte ja und stillte das erste Mal mein Kind.

Gleichzeitiges Stillen fühlte sich nicht gut für mich an.

Sie zeigten mir auch das beidseitige Stillen (also beide Kinder gleichzeitig), aber das fand ich sofort viel zu unentspannt für mich. Nett auch, dass ich damit trotzdem immer wieder bedrängt wurde. Ich meine, wenn eine Frau sagt, es fühlt sich für sie nicht gut an und sie möchte ihre Zwillinge lieber nacheinander stillen, warum kann man sie das nicht einfach tun lassen? Naja, soviel also zum Thema Vertrauen.

Lange Rede kurzer Sinn: Nach den üblichen anfänglichen Startschwierigkeiten und einem bei Zwillingen obligatorischen Rezept für eine Milchpumpe waren wir irgendwann daheim und eine Woche später stillte ich den ersten Tag voll, ganz ohne Fläschchen und es funktionierte tadellos.

Ist Stillen tatsächlich so zeitintensiv?

Nun muss man sich als stillende Zwillingsmama ja immer wieder von Einlingsmüttern anhören, wie unglaublich das alles sei und was man doch für Opfer bringen würde und ja - zu Anfang ist es zeitintensiv, bzw. war es zumindest bei mir, weil meine zwei Herzchen einfach

noch nicht genug Kraft hatten, genug auf einmal zu trinken. Was zur Folge hatte, dass ich beide einmal gestillt habe und eine halbe Stunde später gleich nochmal. Dafür hatte ich danach aber einige Stunden Ruhe.

Aber jedes Baby wird irgendwann kräftiger und schon mit acht Wochen, wenn „normale" Babys im Durchschnitt eine halbe Stunde pro Mahlzeit trinken, brauchten meine zwei nur noch circa siebeneinhalb Minuten. Bähm!

Und beim letzten Besuch meiner Wochenbetthebamme fragte sie mich doch tatsächlich, ob sie - falls jemals ein passender Fall auftreten sollte - meine Nummer an andere Zwillingsmamas weitergeben dürfe, die ebenfalls voll stillen möchten.

Danke, dass ich Sie belehren durfte, es war mir eine Ehre!

Und das sind meine Tipps in Sachen Zwillingsstillen

Da letztlich genau dieses Erlebnis dazu geführt hat, dass es mein Blog „Mama hoch 2" - jetzt „realmenmaketwins.de" überhaupt gibt, kommen also nun meine Erfahrungen zum Thema Zwillingsstillen:

1. Lass Dir alle „Stillarten" zeigen und wähle dann ganz selbstbewusst die aus, die dir am angenehmsten ist, egal ob Du dafür vielleicht schief angeguckt wirst. Meine Familie und Freunde fanden es beispielsweise sehr lustig, dabei zuzusehen, wie ich anfangs in der Rücken-/ Footballhaltung gestillt habe, aber das war mir egal. Für mich war es richtig so, auch wenn ich irgendwann dann zur klassischen Wiegehaltung umgestiegen bin.

2. Wenn Du vom Krankenhaus kein Rezept für eine Milchpumpe bekommst, dann hol Dir eins vom Kinderarzt wegen Trinkschwäche (das geht bei Zwillingen immer) und verlängere es, so oft Du kannst!

3. Nutze die Pumpe. Zum einen ist es irre praktisch, wenn Du mal länger weg musst und Deine Kinder nicht mitnehmen kannst. Und zum anderen kannst Du dann abends eine Mahlzeit voll abpumpen und mit der Flasche füttern, damit kriegst Du auch diese blöden Vitamin D-Tabletten einfacher in Dein Baby rein.

4. Guter Schlaf ist alles! Wenn Du tagsüber immer wieder nach dem Stillen den Rest mit der Pumpe rausholst, kannst Du diese gesammelten Reste abends mit dazu tun, beziehungsweise teilweise im Kühlschrank für den nächsten Tag aufheben. So ist die Abendflasche größer, Du kannst sicher sein, dass Deine Zwerge aber sowas von pappsatt sind und sie werden Dir (zumindest in den ersten Wochen) noch beim letzten Schluck tief und fest einschlafen.

5. Keine Sorgen machen!!! Klar kann es tricky sein, Zwillinge zu stillen, vor allem wenn sie wachsen und mehr Milch brauchen, Du also mehr produzieren musst. Aber da Du ja ohnehin jeden Tag nach jedem Stillen „drittes Baby" mit Deiner Milchpumpe spielst, bist Du darauf bestens vorbereitet. Das einzige, was passiert ist, dass Du tagsüber weniger Reste hast, die Abendflasche also ein paar Tage lang nicht ganz so monströs ausfällt. Aber was macht das schon.

6. Ganz entspannt bleiben! Du kannst das. Du bist eine Mama und Dein Körper wurde dazu gemacht, Deine Kinder zu ernähren, egal wie viele es sind. Also kannst Du es, vor allem weil Du es willst. Und das ist eh die Hauptsache, denn was man fest will, wird wahr!

7. Wenn es Dir irgendwann zu viel wird, dann steh dazu, das ist völlig okay. Bei mir war es etwa nach dreieinhalb Monaten so weit. Trotz aller Tricks konnte ich meine Milchmenge nicht mehr wirklich steigern und so artete es zunehmend in Arbeit aus und vorbei war es mit dem Genießen der ruhigen, entspannten Stillmomente, weil ich mir immer nur Gedanken darüber machte, ob wohl diesmal mehr übrig bleiben würde oder noch weniger. Also ja, verdammt mich als Rabenmutter, die ihren Kindern die wichtige Muttermilch wegnimmt, aber stillt Ihr erstmal drei Monate lang zwei Babys, dann reden wir weiter!

8. Finde Deinen eigenen Weg. Ich habe in der Klinik und auch von meiner Hebamme ungefähr tausend Tipps und unerbetene Ratschläge bekommen, wie ich meine Zwerge am besten stillen soll und wann und wie oft und überhaupt. Bis hin zu der einen erwähnten Schwester, die mich jeden Tag damit genervt hat, ich solle doch nochmal das doppelte Anlegen versuchen. NEIN DANKE!!!
Es ist nie ein Fehler, sich Ratschläge anzuhören, ob von Fachpersonal oder Eltern und Großeltern. Aber letztlich musst Du es machen, wie Du es für richtig hältst, damit es wirklich entspannt klappen kann.

Schlusswort des Tages ist also: Mama hat immer Recht!

Thea Lina Krause - Zwillingsmutter und Bloggerin unter
www.realmenmaketwins.de

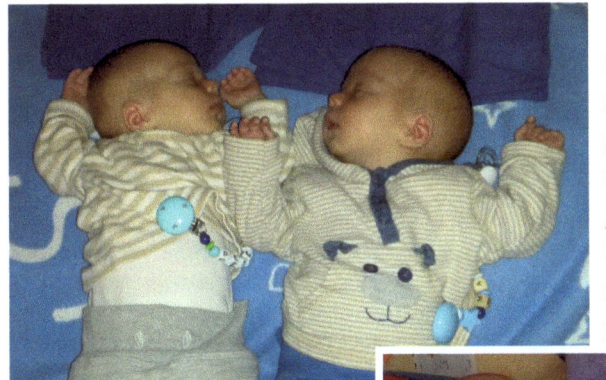

Peter und Marek wurden dreieinhalb Monate voll gestillt. Die Botschaft von Thea Lina Krause: „Glaubt an Euch selbst und lasst Euch nicht von ungebetenen Ratschlä-gen irritieren."

Beim Stillen kann „frau" viel Unterstützung brau-chen, aber bitte die richti-ge! Jede stillende Mutter muss ihren eigenen Weg gehen. Dann klappt auch das Zwillingsstillen gut und heraus kommen zwei glückliche, gut genährte Babys wie diese.

Unsere „Bücher-Zwillinge" für das Stillen von Zwillingen

Ganz neu haben wir das Buch von Inga Sarrazin & Gisela Otto herausgebracht. Es ist ein bisschen anders als unser Standardwerk von Susanne Wittmair, das es natürlich auch noch gibt. Das neue Buch enthält nicht nur Inga Sarrazins Tipps, sondern auch Seiten, auf denen Ihr Tagebuch füh-ren könnt. Susanne Wittmairs Buch enthält viele Erfahrungs-berichte. Beide Bücher gibt es bei uns unter www.twins.de oder im Buchhandel.

ISBN 978-3-927058-16-3 ⇨
⇦ **ISBN 978-3--848231-76-8**

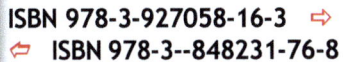

ZWILLINGE *das Magazin* - Die Mitmach-Zeitschrift für Zwillings- & Drillingseltern

So können Sie sich mit Beiträgen an ZWILLINGE *das Magazin* beteiligen: In fast 30 Jahren haben wir immer wieder festgestellt, dass die wahren Experten für Zwillings- und Drillingsthemen die Eltern sind. Viele Eltern haben darüber hinaus eine Qualifikation, die sie dazu prädestiniert, ihre Alltagserfahrungen mit anderen zu teilen. Sie sind selbst Erzieher, Lehrer oder Ärzte ... Erzieherinnen, Lehrerinnen oder Ärztinnen. Aber auch, wenn Sie ganz einfach „nur" Zwillings- und Drillingseltern sind - Ihre Erfahrungen, die Sie machen, sind von so unschätzbarem Wert für andere, für neue und werdende Eltern, dass sie unbedingt zu Papier gebracht werden sollten. Deshalb scheuen Sie sich nicht, uns zu schreiben und einen Beitrag zu irgendeiner Situation aus Ihren Leben mit mehreren gleichaltrigen Kindern zu schicken. Ihre Erfahrungen und vor allem Ihre Tipps und guten Ideen sind gefragt.

Und so geht's: Sie schreiben - wie Ihnen der „Schnabel gewachsen" ist. Dies hier ist kein Aufsatzwettbewerb. Unsere Redaktion bearbeitet Ihren Beitrag, macht die Überschrift dazu, das Layout und formuliert die Bildunterschriften und die Zwischenüberschriften.

Ihr Beitrag sollte im Format .doc oder .docx, in „word" oder einem anderen, gängigen Schreibprogramm bei uns ankommen. Gern aber auch einfach direkt in der E-mail formuliert. Sie können Ihre Beiträge per E-mail senden an info@twins.de.

Wir nehmen aber nachwievor auch handschriftliche Beiträge, die ganz einfach per Post kommen. Unsere Adresse: ZWILLINGE, Postfach 40 11 11, D-86890 Landsberg. Schicken Sie uns auch Ihre Fotos mit. Am besten sind ganz normale Familienfotos, wie man sie mit jeder Digicam oder einem Handy machen kann. Um die entsprechend hohe Auflösung und die Druckfähigkeit kümmert sich unsere Redaktion. Und wenn Sie uns einen großen Gefallen tun wollen: benennen Sie Ihre Fotos mit denjenigen, die darauf zu sehen sind - also zum Beispiel MaxConnySpielplatz.jpg.

Wir belohnen es, wenn Sie uns einen Beitrag schicken:
Suchen Sie sich ein Buch aus

Und was bekommen Sie für Ihren Beitrag? In erster Linie natürlich helfen Sie anderen Zwillingseltern, die vielleicht noch ganz am Anfang stehen, mit ihren wertvollen Erfahrungen. Zweitens macht es auch einfach Spaß, über die eigene Familie zu schreiben und die eigenen Zwillinge in unserer kleinen Zeitschrift zu sehen.

Allerdings veröffentlichen wir Ihren Beitrag in der neuen Machart unserer Zeitschrift nicht mehr unter vollem Namen, es sei denn Sie wünschen das ausdrücklich. Der Hintergrund dafür ist, dass das neue ZWILLINGE - DAS MAGAZIN dadurch, dass es auch auf online-Portalen angeboten wird, einem größeren Leserkreis angeboten wird. Natürlich werden sich am ehesten betroffene Zwillings- und Drillingseltern für ZWILLINGE interessieren. Dennoch möchten wir jeglichem Missbrauch vorbeugen. Übrigens: Wer einen Beitrag für unser Magazin schreibt, erhält ein Exemplar des betreffenden Magazins gratis (zur Erinnerung) oder kann sich ein Buch aus unserem Programm aussuchen.

Dann kann's ja losgehen ... wir freuen uns und sind gespannt.

Tolle Kinder-Warnwesten

Jeder Autofahrer weiß, wie schwer unbeleuchtete Fußgänger oder Radfahrer zu sehen sind, wenn es winterlich dunkel ist. Diese Westen helfen.

In unserer zunehmend motorisierten Welt werden alltägliche Strecken für Kinder, sei es der Schulweg, der Besuch der Freunde oder der Ausflug zum Spielplatz, zunehmend gefährlicher. Vor allem jetzt im Spätherbst und Winter, sind Fußgänger schlecht zu sehen, wenn sie dunkel angezogen sind.

Ein wichtiges Mittel zur Prävention lautet deshalb: Gesehen werden! Gerade bei Dunkelheit und Dämmerlicht ist es oft schwierig für Autofahrer, Passanten oder Radfahrer rechtzeitig auszumachen. Ob Signalfarben oder retroreflektierende Elemente; es gibt eine ganze Reihe an Produkten, die sicherstellen, dass Kinder im Straßenverkehr leichter wahrgenommen werden.

Hier eine Produktempfehlung von LittleLife, einem britischen Spezialisten für Kinder-Outdoorausrüstung, der Licht in die trüben Herbst- und Wintertage bringt mit seinen Hi-Vis Warnwesten. Ob neongelb mit Sternen und Raketen, neongrün mit Dinosauriern oder Neonpink mit Schmetterlingen und Blumen: Alle Hi-Vis Westen von Little-Life verfügen neben der leuchtenden Farbe über retroreflektierende Elemente (einen

Streifen am Saum sowie Figuren an Brust und Rücken). Sie sorgen dafür, dass einfallendes Licht, zum Beispiel aus einem Autoscheinwerfer, in die Richtung der Lichtquelle zurückgeworfen wird.

Weitere Details:

• Weithin sichtbares Neonmaterial mit retroreflektierenden Elementen;
• einfacher, sicherer Verschluss;
• entspricht der Sicherheitsnorm BS EN1150;
• erhältlich in den Größen „small" (bis circa 104 cm Körpergröße) sowie "medium" (bis circa 122 cm Körpergröße.
• Empfohlener Verkaufspreis: 11,99 Euro

Diese witzigen Sicherheitswesten für Kinder werden Zwillinge gern anziehen. Und sie kosten auch nicht viel.

Schnelle Tipps – gute Ideen

Zwillings- und Drillingseltern müssen vor allem praktisch denken. Deshalb haben sie Tipps und Ideen auf Lager, die wirklich hilfreich sind. Haben Sie auch einen Vorschlag, der auf diese Seite passt? Her damit!

Unsere E-mail: info@twins.de

Das Schnullerthema ist auch so ein Endlosthema, das viele Eltern beschäftigt. Zwillingsmutter Kathrin O. hat dazu eine Buchempfehlung: „Adieu, mein kleiner Schnuller" aus dem Pattloch Verlag, kostet 8,90 €.

Das ist *der* perfekte Ratgeber mit Geschichten, die anspornen, den Schnuller abzugeben. Alle meine vier Kinder haben ihre letzten Schnuller hiermit abgegeben. Jedes Kind durfte sich einen großen Wunsch erfüllen, wenn es seinen Schnuller in der Eger, unserem Fluss, schwimmen ließ. Natürlich waren die Nächte danach anstrengend, weil ja der Schnuller fehlte. Aber da haben wir uns abwechselnd zu unseren Kindern ins Bett gelegt, sie getröstet und gestreichelt, bis sie eingeschlafen sind. Nach jeweils zwei Tagen war der Schnuller bei uns kein Thema mehr. Und unsere Kinder sind alle daran gereift.

Die Trennung vom Schnuller ging langsam. Kleine Schritte waren nötig. Zuerst den Schnuller nicht mehr im Kindergarten mitnehmen, dann im Haus lassen und anschließend nur noch im Bett lassen. Zwischen diesen Schritten lagen Monate. Unsere Zwillinge, Malte und Felix, waren vier Jahre alt, als sie den Schnuller schwimmen ließen. Felix wollte einen Kranwagen von Bruder und Malte ein Feuerwehrauto dafür. Und dann waren sie stolz wie Oskar. Lieben Gruß Katrin

Dieses kleine Büchlein hilft Zwillingen und deren Eltern, den Schnuller relativ schmerzfrei loszuwerden.

Stifte, die auf Glas malen, verschönern die Türen und Fenster im Haus und sorgen für mehr Sicherheit, damit keiner das Glas übersieht. Enya und Jill malen gerne.

Ich habe hier einen Tipp für alle Glasscheiben. Fensterstifte von Stabilo. Unsere Zwillinge Enya und Jill haben unsere Glastür zum Flur bemalt. Je nach Saison kommen tolle Bilder zustande.

Jetzt läuft auch keiner mehr versehentlich dagegen, was vor allem Besuchern passiert. Wir kennen ja unsere Glastür. Die Farbe lässt sich auch wieder super entfernen, wenn mal ein neues Bild auf die Tür kommen soll.

Wir schreiben mit diesen Stiften

auch unsere Namen auf die Trinkgläser - bei fünf Familienmitgliedern und vielen Freunden ist das sehr praktisch. Auch zu Geburtstagen und anderen Parties.

Die Zwillinge Enya und Jill malen gern. Und mit den praktischen Stiften von Stabilo kann man sogar auch Glas malen - zum Beispiel auf diese Glastür zum Flur, die dadurch „entschärft" wird, so dass keiner aus Versehen dagegen rennt.

Zwillingsschlitten: mobil bleiben im Winter

Auch, wenn man es nicht für möglich hält: Im Winter wird es schwieriger, mit dem Zwillingswagen rauszugehen, denn wenn der Schnee erst einmal da ist, wird meist nur „einspurig" geräumt. Zum Glück gibt es Zwillingsschlitten.

Wie kommt man im Winter mit Zwillingen vor die Tür? Nicht ganz einfach - mir ist noch mit Schrecken die Prozedur des langen Anziehens vorher und Ausziehens nachher im Gedächtnis. Denn die Kinder sollten gut angezogen sein, also warm genug, damit sie Spaß am Schnee haben und was noch wichtiger ist: damit sie nicht krank werden.

Ist diese Prozedur erst einmal erfolgreich bewältigt, geht's ab auf den Schlitten. Wer die Anschaffung eines Zwillngs-schlittens scheut (den gibt's zum Beispiel bei www.zwillingeburg.de), der muss sich etwas einfallen lassen. Hier ein paar Beispiele unserer Leserfamilien.

Wichtig ist aber nicht nur die Kleidung der Kinder, sondern auch die Ausstattung der Schlittensitze. Auf jeden Fall sollten Sie den Schlitten mit warmen Fußsäcken ausstatten. Wenn es kälter ist, kann man auch eine kleine Wärmflasche in die Fußsäcke geben.

Die kleinen Händchen, die auch schnell frieren, kann man ebenfalls in die Fußsäcke „stopfen", wenn sich die Zwillinge das gefallen lassen.

Zwei Einzelschlitten im Konvoi ... so kann jedes Elternteil einen Schlitten ziehen oder man hängt die Schlitten aneinander.

Julia und Jörn sind noch so klein, sie passen in einen Wäschekorb, den die Mama auf dem Schlitten festgebunden hat.

Leon und Leonie lassen sich in einem speziellen Zwillingsschlitten fahren ... den haben sie in Ingolstadt bei der Zwillingsburg gekauft.

Lea und Liv sitzen hintereinander in eigenen Sitzen. Die große Schwester Pia kann die Zwillinge problemlos ziehen.

Fuck: Bei uns läuft's gerade kacka ...

Warum nur haben werdende Eltern immer dieses Heile-Welt-Bild vor Augen? Eva und Peter Imhof hatten sich das Zwillingselternsein auch anders vorgestellt. Aber mit Humor und spitzer Feder haben sie den Widrigkeiten mit Zwillingen den Kampf angesagt. Ein tolles Buch!

Sind die echt? Das ist das erste, was ich mich fragte, als ich das Buch „Bei uns läuft's kacka - Scheitern als Eltern - aber richtig" in Händen hielt. Auf dem Titel ein braves Elternpaar, sie hochgeschlossen und die Knie bedeckt, er mit Strickweste, Kravatte und einer Brille mit dickem Rand. Die „lieben" Kleinen, Zwillinge, mit ebensolchen dicken Brillen und ganz brav ...

Bis zuletzt habe ich es nicht herausgefunden. Aber dies: Die Imhofs sind ganz normale Zwillingseltern. Sie erleben ihren Alltag mit den Zwillingsmädchen Lilly und Luisa wie viele andere Zwillingseltern auch. Es gibt einige Tiefen und immer wieder auch Höhen. Scheitern ist ganz normal. Und wieder weitermachen danach auch.

Aber, schauen wir mal rein in das Buch.

Als Eva und Peter Imhof noch keine Kinder hatten, war für sie die Elternwelt so klar wie ein Gebirgssee. Sie waren sich einig, dass ihre Kinder schon ganz früh friedlich durchschlafen würden, mit ordentlich gekämmtem Haar und blütenweißen Klamotten mit Mama und Papa am Tisch sitzen und brav alles essen würden. Es gäbe kein Rumgerenne, Gebrüll oder sonstige Zickereien.

Nach der Geburt ihrer Zwillingstöchter stellte sich jedoch schnell heraus, dass diese Vorstellung selbstverständlich ins Reich der Phantasie gehört. Denn wie fast alle frisch gebackenen Eltern fragten sich auch

Eva und Peter schon sehr bald, wie sie die nächsten Jahre ohne Nervenzusammenbruch überstehen sollten. Kaum Schlaf, mindestens zwei kindliche Wutanfälle pro Tag, das Essen landet eher auf dem Boden als im Mund - all die schönen Vorstellungen vom perfekten Familienleben halten der Realität nicht stand.

Und die Imhofs gingen den mutigen Weg, indem sie irgendwann alle guten Ratschläge ignorieren, ihren Humor wiederentdecken und einfach dazu stehen, dass eben nicht alles so läuft wie im Bilderbuch. Da darf es statt selbst gekochtem Bio-Babybrei eher Spaghetti Bolo aus dem Gläschen sein und sie müssen auch akzeptieren, dass durch das ganze elterliche Gefluche das erste Wort der Zwillinge „Fuck" ist.

Humorvoll und authentisch erzählen Eva und Peter Imhof von ihrem Dasein als Eltern und wie sie ihren eigenen Weg gefunden haben, nachdem sie sich von überzogenen Erwartungen und realitätsfernen Ratgebern freigemacht haben.

Halt - da muss ich gleich mal einhaken. Wer von realitätsfernen Ratgebern schreibt, kennt das Buch „Zwillinge doppelt so schön & halb so schlimm" nicht. Denn da steht drin, was einen erwarten *könnte*. Und das hat dem Buch zum Beispiel auf Amazon einige ziemlich fiese Negativkritiken eingebracht. Man hat den Eindruck, die werdenden Zwillingseltern wollen belogen werden und lesen lieber etwas über die „Heile Welt" als gute Tipps für den echten Alltag zu bekommen.

Zurück zu den Imhofs, die auch einen eigenen Youtube-Kanal betreiben, auf dem man an ihrem Zwillingsalltag teilhaben kann. Die ersten Zweifel an der Heilen Welt kam diesem Elternpaar bereits direkt nach der Geburt. Denn leider wurden die Zwillinge ohne Gebrauchsanweisung geliefert.

Nachdem sich die Imhofs einigermaßen an die neue Situation gewöhnt hatten, hatten sie auch gleich eine Strategie: Alles halb so wild, solange kein Blut fließt und keiner kotzt.

Erinnert mich irgendwie an mein Konzept von damals: Die 24-Stunden-Regel. Wenn das Kind (der Zwilling) 24 Stunden nachdem es heimlich etwas Verbotenes getan oder gegessen hatte, noch lebt, dann war's wohl nicht so schlimm ... ich hab' da zum Beispiel meine Erfahrungen mit einem

Baum namens Benjamin. Mein Anruf bei der Vertretung unseres Kinderarztes (na klar ist der in Urlaub, wenn man ihn mal braucht ...): Ich: „Mein Sohn ist siebzehn Monate alt und hat ein Blatt vom Benjamin gegessen ..." Die Sprechstundenhilfe: „Wie heißt die Pflanze?" Ich: „Benjamin." Sie: „Ich meine nicht das Kind, ich meine die Pflanze ..." Ich: „Ich spreche von der Pflanze, sie heißt Benjamin." Sie: „Nicht, wie das Kind heißt, wie heißt die Pflanze ...?" und das ging so lange hin und her, bis ich sagte: „Das Kind heißt Max." Alles gut ausgegangen, das Kind namens Max hatte das Blatt doch nicht gegessen, der Rest hing noch am Stengel und mit diesem am Benjaminbaum.

Bitte wenden Sie niemals meine 24-Stunden-Regel an! - das ist nur ein Spaß!

Meine Erlebnisse habe ich auch in einem Buch niedergeschrieben. „Zwillinge - das kann ja (h)eiter werden" wurde aber nie veröffentlicht, da ich die Privatsphäre unserer Jungs schützen wollte.

Jetzt bin ich wieder abgeschweift ... die Imhofs jedenfalls gewähren uns diesen Blick durch das Schlüsselloch. Und sind wir doch mal ehrlich - die Erfahrungen anderer sind doch die spannendsten Geschichten. Und wenn sie auch noch so lustig sind, wie in diesem Buch dargestellt, dann kann man doch nur lachen, auch wenn's manchmal als Zwillingsmutter oder Zwillingspapa zum Heulen ist ... (MvG)

Eva und Peter Imhof, „Bei uns läuft's kacka. Scheitern als Eltern, aber richtig", 200 Seiten, mvg Verlag, ISBN 978-3-86882-761-3, 16,99 Euro.
Wer hat Lust, dieses Buch zu lesen? Beitrag schreiben (egal über was) und das Buch dafür geschenkt bekommen ...
schreibt an info@twins.de

Immer lecker: Schokoladenbrot

Das Schönste an Weihnachten sind die Plätzchen. Und die Vorfreude darauf ... und das Backen. Das macht auch den Zwillingen von Kathrin M. Spaß. Sie schickt ein Rezept für Schokoladenbrot.

„Ich bin etwas spät dran, doch ich schicke Euch das Rezept auf jeden Fall. Weihnachten kommt ja immer wieder," schrieb Zwillingsmutter Kathrin. Hier ihr Rezept:

Schokoladenbrot

Zutaten

- 250 gr Rama
- 180 gr Zucker
- 6 Eier
- gemahlene Schokolade
- 250 gr gemahlene Nüsse
- 1/2 Teelöffel Zimt
- etwas Lebkuchengewürz
- 1 Messerspitze gemahlene Nelken
- 100 gr Mehl
- 1/2 Teelöffel Backpulver

Zubereitung

- Alle Zutaten zusammenmischen,
- Eier nach und nach zugeben.
- Den Teig auf ein gefettetes Backblech streichen.
- Bei 150 bis 160 Grad 30 Minuten lang backen.
- Noch heiß vom Rand lösen.
- Etwas abkühlen lassen und die Schokoglasur drüberpinseln.

Das wird wohl noch ein paar Jährchen dauern, bis die Zwillinge mithelfen können. Das leckere Schokoladenbrot essen - das können sie natürlich schon.

Zum Rein-beißen: das Schokoladen-brot mit Zuckerstreu-seln. Hält sich in einer Box schön frisch.

- Bunte Zuckerperlen drauf streuseln. Wenn das Schokoladenbrot abgekühlt ist, kann man es in gleich große Stücke schneiden und in einer geeigneten Box verstauen. Zwischen die einzelnen Lagen Butterbrotpapier legen. Zum Schneiden habe ich einen Meterstab als Hilfsmittel benutzt, damit die Stücke möglichst gerade und gleichmäßig werden. (Kathrin M.)

Ein Weihnachtsbuch für Zwillinge

Unser Weihnachtsbuch für Zwillinge (und von Zwillingen) ist ein kleiner Advents-kalender mit 24 Ideen für die Gestaltung der Vorweihnachtszeit. Da das Buch von Zwillingen und deren Eltern (und Drillingen) zusammengestellt worden ist, sind auch die Ideen genau auf Zwillinge abgestimmt. Ob Bastelarbeit, Backvorschläge oder eine kleine Geschichte zum Vorlesen ... 24 Ideen helfen die lange Zeit bis zum Heiligen Abend zu überbrücken.

Das Buch ist für 11,90 Euro bei uns unter www.twins.de bestellbar, kann aber auch im Buchhandel (online & Ladengeschäft) bestellt werden. Die ISBN, unter der man das Buch leichter findet, ist:

ISBN 978-3-927058-31-6

Stressfrei einkaufen mit Kindern ...

Für viele Zwillingsmütter (von Drillingsmüttern sprechen wir lieber nicht) ist das Einkaufen mit Kindern der blanke Horror: Stress am Süßigkeitenregal, Trotzanfälle, Streit ... Das alles muss nicht sein. Zwillingsmutter Katrin macht aus dem Einkauf ein Teamerlebnis.

Ich bin oft mit meinen Kindern beim Einkaufen unterwegs. Das ist nicht immer leicht. Aber das krieg' ich gut hin. Viele Mütter und Väter, denen ich begegne, sind genervt und gestresst von ihren Kindern, die sich langweilen. Sie sitzen im Wagen oder laufen nebendran und dürfen nichts anfassen. Irgendwann rasen sie dann nur noch durch den Einkaufsladen oder sitzen gelangweilt im Wagen und quengeln.

So gelingt der Einkauf mit Kindern stressfrei.

Liebe Eltern, darf ich Euch mal einige Tipps geben, wie das auch einfacher geht? Warum dürft nur Ihr die Sachen aus dem Regal nehmen? Warum schauen Eure Kinder dabei nur zu?
Ich mache das anders. Ich gehe gemeinsam mit meinen Kindern einkaufen. Wir lesen gemeinsam den Einkaufszettel und jedes Kind bekommt eine Aufgabe. Felix holt Toilettenpapier, Jana den Kochschinken, Malte besorgt 600 Gramm Hackfleisch vom Metzger und Christina findet die Alpenmilchschokolade. Dann streichen wir die Sachen auf dem Zettel durch und dann sucht sich jeder das nächste aus.
Das geht gemeinsam viel schneller. Die Kinder lernen, wo sie was finden. Die

größeren können auch schon Preise vergleichen und wählen dann das günstigere aus. Manchmal bringen sie auch etwas, was ich nicht brauche, aber ich schicke sie dann wieder zurück. Da muss man dann halt hart bleiben. Aber alle haben was davon. Und zum Schluss darf sich jeder eine Süßigkeit aussuchen, was er/sie gerne mag.
Die Kinder lernen, sich auf diese Weise im Laden zurechtzufinden, sie haben eine Aufgabe, die geschätzt wird. Sie lernen, an der Fleischtheke „Bitte 600 Gramm Hackfleisch" zu sagen, „bitte, danke, das wär' alles." Sie lernen, sich anzustellen, aber auch ihre Position zu verteidigen, wenn sich jemand vordrängelt.
Die Kinder werden von anderen Personen, die einkaufen, gelobt. Aber auch die Verkäufer freuen sich über zufriedene Kinder und Eltern. Die Kinder lernen, auch zu fragen, wenn das Blaukraut mal wieder im höchsten Regal ist und sie nicht rankommen.

Beim Einkaufen sind wir ein Team.

Und Sie werden dem nächsten Einkauf sicher viel entspannter entgegen sehen. Denken Sie einfach - wir sind ein Team und gemeinsam sind wir viel schneller

Elisabeth (links) und Mathilde, die wir von Seite 8 kennen, werden in zwei separaten Einkaufswagen geschoben.

fertig. Das haben meine Kinder auch im Alter von 1,5 Jahren verstanden. Bei den kleineren Kids sollte man sich nur ein wenig mehr Zeit nehmen, aber so kommt man auch ohne Trotzanfall durch den Einkaufsladen. Probieren Sie es mal aus und Sie werden sehen, einkaufen mit den Kindern kann auch Spaß machen.

Lieben Gruß - Katrin O.

Als Malte und Felix noch klein waren, machte Katrin aus dem Einkauf ein Teamerlebnis. Die großen Töchter Jana und Christina (von links) halfen.

Trotzige Zwillinge: Kann da ein Buch helfen?

Das Trotzalter machen die meisten Kinder durch. Bei Zwillingen wird es nur deshalb als schwieriger empfunden, da zwei Kinder oft gleichzeitig von Trotzanfällen betroffen sind und sich Zwillinge gern gegenseitig hochschaukeln. Kann da ein Buch helfen? Svenja prüft das für uns nach.

Ich habe seit Beginn des zweiten Lebensjahres, also kurz nach dem ersten Geburtstag meiner Zwillings-Jungs immer mal im Blog „Einer schreit immer" mitgelesen. Daher hat es mich gefreut, dass ich das Buch von Christiane Tropper, die das Blog macht, und Alexander Smutni-Tropper lesen durfte. Ich nehme das Buch von den Troppers jetzt mal genauer für Euch unter die Lupe. Denn beim Thema „Trotz" kann ich mitreden.

Autonomiebestreben klingt besser als Trotzverhalten

Heutzutage gibt es glücklicherweise ja schon diverse Literatur zum Thema „ Trotzphase" oder auch Autonomiephase. Den Ausdruck finde ich auch passender. Denn man möchte ja, dass sich die Kinder zu eigenständigen und selbstbewussten Menschen entwickeln. Da passt der Ausdruck Autonomie deutlich besser als Trotz. Denn das klingt zu negativ. Zum Glück gibt es mittlerweile die entwicklungspsychologischen Erkenntnisse, was genau im Moment des Trotzes in einem Kind vorgeht und wie man dem als Eltern am besten begegnet.
Wir finden den Weg der bedürfnisorientierten Erziehung für uns sehr gut, weil man seinen Kindern dabei auf Augenhöhe begegnet, aber trotzdem konsequent in seinem Handeln bleibt und das Ganze auf liebevol-

le Art und Weise. Das verhindert zwar nicht die Trotzanfälle, aber mit dem Verständnis der heutigen psychologischen und neurologischen Erkenntnisse, lässt einen das als Eltern leichter überleben. Denn Trotzanfälle sind kein Spaß, weder zu Hause, noch unterwegs. Weder für die Kinder, noch für die Eltern.
Im ersten Teil des Buches wird einem das passende Basiswissen zum Thema „Trotzanfälle" und kindlicher Entwicklung vermittelt. Dieses Basiswissen erklärt ganz simpel, warum Kinder trotzen. Der Vergleich mit der Schach WM in China in der Einleitung ist super und ich musste ehrlich einmal herzhaft lachen. Denn da ist wirklich etwas Wahres dran.

Humor und offene Sachlichkeit

Mir gefällt in dem Buch der Humor, aber auch die offene Sachlichkeit, mit der die beiden Autoren einzelne Situationen beschreiben. Es gibt zu jedem Themenbereich kurze Kommentare von anderen Eltern und immer Lösungsansätze. Diese kann man einfach umsetzen und vor allem individuell - je nach Charakter und Entwicklungsstand auf alle Kinder anpassen.
Unsere Jungs waren mit 11 Monaten wirklich früh dran mit den ersten kleineren Trotzanfällen. Die fand ich allerdings echt

Lennart (links) und Erik haben schon früh angefangen, zu rebellieren. Der Kopf ist halt schon weiter als die Sprache. Und das schafft Ärger und Wut. Hier ist aber mal Kuscheltime.

easy zu meistern. Da dachte ich noch ganz naiv und mit bereits angeschaffter Literatur zu dem Thema: „Ach, wenn das so bleibt, dann ist es ja kein Thema." Pustekuchen ... Ich wusste nur noch nicht, was wirklich auf mich zukommt.

Christina Tropper
Alexander Smutni-Tropper

Die
Trotzphase
ist kein Ponyhof

Der Eltern
Survival-Guide

TRIAS

Denn mit 14 Monaten ging es richtig los, häufig mehrmals am Tag mit einem riesigen Gebrüll. Das waren oftmals kleinere Begebenheiten, wie sie im Buch am Ende im Kapitel „Tschüss Trotzkopf" zusammengefasst werden. Aber gerade diese kleinen Begebenheiten machen unsere kleinen Mäuse oft tieftraurig.

Diese Phase, die sie mit 14 Monaten hatten, hielt relativ lange an, weil sie in die Zeit eines größeren Entwicklungssprunges fiel. Ich war in dieser Zeit einfach nur ungeheuer geschafft und auch frustriert, weil ich glaubte, alles falsch zu machen.

„Die Trotzphase ist kein Ponyhof: Der Eltern-Survival-Guide", Christina Tropper & Alexander Smutni-Tropper, 14,99 Euro, ISBN 978-3-432101-34-7

Dann begab sich in dieser Zeit eine tolle Situation. Wir waren zu Hause. Oma und Opa waren auch da. Es war Abendbrotzeit. Die Kinder waren schon ziemlich müde. Ich sagte zu Erik, dass er bitte nicht mit seinem Joghurt spielen sollte. Denn er fand es ungeheuer witzig, den Joghurt, mit dem ich ihn fütterte, auszuspucken und vor sich auf dem Tablett vom Hochstuhl zu verteilen. Ich stellte den Joghurt weg und machte sauber. Dabei sagte ich: „Nein, mit Essen wird nicht gespielt."

Und dann ging's los ...

Und dann gab es ein Gebrüll, als ob die Apokalypse beginnen würde. Er wütete und schrie in seinem Hochstuhl, von 0 auf 100 in einer Sekunde! Er war überhaupt nicht ansprechbar, geschweige denn zu beruhigen. Ich blieb bei ihm, ließ ihn aber einen Moment lang seinem Ärger Luft machen. Ich nahm ihn aus dem Hochstuhl und auf meinen Schoß. Dann nahm ich ihn in den Arm. Er wehrte sich. Weil ich nicht wollte, dass er mir vom Schoß rutscht bei dem Gezappel und sich dabei womöglich noch weh tut, habe ich mich mit ihm auf den Boden gesetzt und ihn ganz sanft beruhigt. Langsam wurde er zugänglich und ließ sich trösten und streicheln. Er schmiegte sich ganz eng an und völlig entkräftet seufzte er. Wir kuschelten noch einen Moment und dann setzte ich ihn wieder in seinen Stuhl. Er ließ sich anstandslos füttern. Für den Rest seines Brotes wollte er dann unbedingt auf meinen Schoß. Durfte er. Auf einmal legte er sein Brot zur Seite, umarmte mich, gab mir einen Schmatz und kuschelte sich brotessend an mich an. Da wusste ich: „Ok ... So falsch mache ich das anscheinend doch nicht."

Aber mal ganz ehrlich: dieses Gefühl der Hilflosigkeit und der Unsicherheit, ob man alles richtig macht, schleicht sich immer wieder ein, vor allem wenn die Trotzphasen länger sind. Ich bin dann traurig und wütend zugleich und muss mir immer wieder ins Gedächtnis rufen, dass die armen Mäuse da gar nichts für können und mich auf gar keinen Fall ärgern wollen. Dann wird ein paar Mal tief durchgeatmet und dann geht es wieder.

In Christiane Troppers Buch sind viele gängige Trotzsituationen aufgeführt. Ich habe uns da doch ab und zu wieder gefunden und man hat das Gefühl, nicht alleine zu sein.

Unsere Jungs sind zwei wundervolle, einfühlsame und liebe Kinder, haben aber auch einen starken Charakter und einen sehr ausgeprägten Willen. Dabei sind sie grundverschieden. Das finde ich einerseits prima und ich bin stolz drauf, aber andererseits stellt es mich vor viele Herausforderungen.

Die Supermarktszene, die Christiane Tropper beschrieben hat, ist ja ein Klassiker. Bei uns war es so: Es war ein Samstagvormittag. Wir waren gerade mit dem Frühstücken fertig. Da machte mein Mann den Vorschlag: „Sag mal: Wollen wir mal eben schnell einkaufen gehen, bevor die Kinder Mittagsschlaf machen?" Dieser Satz enthält so viele Fehler, dass man sie nicht mehr zählen kann. War mir nur nicht bewusst.

Falsches Timing schafft Stress bei der Einkaufstour.

Meine Antwort: „Auja ... Dann kann ich auch noch schnell zur Post und noch mal im Drogeriemarkt unseres Vertrauens stöbern." Dass auch dieser Satz jede Menge Fehler enthält, wussten wir auch nicht. Wir wurden aber schnell eines Besseren belehrt. Schon beim Einladen der Kids ins Auto, gab es den ersten Protest. Wir fuhren los und hinten war es schnell wieder ruhig. Ein Blick zur Rückbank zeigte mir: Oh, oh! Die zwei sind müde.

Am Supermarkt angekommen, gab es das erste Gebrüll. Lennart wollte unbedingt eine Blüte haben. Lennart und gelbe Blumen - ein Kapitel für sich. Nachdem wir die Blume gepflückt haben, war erstmal Ruhe. Jeder schnappte sich ein Kind und einen eigenen Einkaufswagen. Kaum im Eingangsbereich angekommen, wollte Erik aus dem Wagen heraus. Da wir ja nur schnell unsere Einkäufe machen wollten, sagte ich ihm dass das nicht ginge. Daraufhin gab es ein riesiges Geschrei, das dann in einen Dauer-Schreiton mündete. Ich versuchte ihn zu beruhigen, aber hatte keine Chance. Von „Was ist das denn für ein Kind", über „Dem Kind gehört mal ordentlich der Hintern versohlt", bis hin zu „Sie Arme, halten sie durch, dieses Alter ist schnell vorbei", war alles dabei an Kommentaren, was das Mama-Herz begehrt.

Blöde Kommentare blieben nicht aus - ich konnte kontern.

Da ich mich für meine Kinder nicht schäme, gab es für jeden Kommentar den passenden Spruch, während ich das Kind beruhigte. Nachdem ich ihn auf den Arm nahm und er sich schlussendlich doch beruhigt hatte, waren wir beide völlig erledigt. Papa und Lennart hatten unterdessen viel Spaß zusammen und unterhielten sich mit der Frau am Postschalter. Dann kam eine ältere Dame auf mich zu und sagte mir, dass sie mich beobachtet hätte und dass ich die Situation ganz toll gemeistert hätte und das man das Vertrauensverhältnis zu meinem Sohn spüren könne. Das hat mich in dem Moment sehr gefreut, denn eigentlich war mir nach weinen zumute.

Dann gab es andere Situationen, in denen ich selbst gestresst und müde war und diese Situationen kaum zu lösen waren. Das waren dann Situationen, in denen ich dann tierisch unter Strom stand und total genervt mit den heulenden Kindern und dem ebenso schlecht gelaunten Ehemann zur Kasse bin und nur zugesehen habe, dass wir schnell wieder nach Hause können.

Lennart hat es im selben Supermarkt geschafft, im Wüten aus dem Einkaufswagen zu fallen. Das hat für einen Riesenschock gesorgt. Glücklicherweise ist dabei nichts passiert. Er trotzt nicht häufig, aber wenn, dann ist er schwierig zu beruhigen. Aber auch ihm geben wir die Sicherheit, die er braucht. Er ist auch das Kuschelkind von beiden und er tankt nach jedem Wutanfall eine große Portion Sicherheit und Liebe.

Unser Problem: der Kopf ist weiter als die Sprache.

Aus dem Bereich „Trotzsituationen" im Buch konnte ich jetzt schon diverse Anregungen mitnehmen. Teilweise sind unsere Jungs noch etwas zu klein, um unsere Argumente oder Alternativvorschläge zu verstehen. Auf der anderen Seite können sie sich noch nicht so artikulieren, um sich uns verständlich zu machen. Denn da liegt in unserem Falle häufig „der Hase im Pfeffer". Unsere Jungs sind total kommunikativ, aber es ist halt noch viel Gebrabbel. Die Sprachentwicklung geht erst jetzt, mit 25 Monaten, so richtig los.

Das Problem ist, dass sie vom Kopf her schon sehr weit sind, aber nicht alles umsetzen können, was sie geplant haben und dann kommt noch dazu, dass sie sich nicht mitteilen können und dabei wollen sie das doch so gerne. Das ist bei uns tatsächlich einer der häufigsten Auslöser für Trotzanfälle. Ich freue mich daher schon darauf, wenn ich auch mal in einer „brenzlichen Situation" einen Kompromiss aushandeln kann - und zwar mit Worten.

Super fand ich auch den Teil über das Sozialleben. Genau dieser Teil ist bei uns gerade brandaktuell. Die Kita Eingewöhnung liegt hinter uns und in der Kita läuft irgendwie immer alles wie am Schnürchen. Die Erzieherinnen schwärmen in den höchsten Tönen von den Kindern. Auf die Frage ob es schon den einen oder anderen Wutanfall gab, bekam ich doch tatsächlich die irritierte Antwort: „Nein, bei den beiden doch nicht. Die machen immer ganz toll mit und sind sehr lieb." „Haha", dachte ich, „von wegen ..." Aber es war wirklich so. Immer wenn ich aus der Ferne beobachte, sehe ich zwei tolle Kinder, die fürsorglich mit anderen umgehen, Spielzeug teilen, fröhlich sind und aufs Wort hören. Wahnsinn ...

Zu Hause ist eine andere Situation als „in der Kita" ...

Dazu war das Kapitel „ Parallelwelten" prima und hat mir einigen Aufschluss gegeben. Zu Hause klappt das Teilen untereinander super. Da gibt es erstaunlicherweise selten Streit. Aber sobald ein drittes Kind dazu kommt, gibt es zwischendurch mal „Theater in Tüten". Da wird sämtliches Spielzeug samt Fuhrpark mit Kampfgebrüll verteidigt.

Das ist eine ganz normale Entwicklung und beunruhigt uns überhaupt nicht, dennoch greifen wir da sanft ein, damit das Teilen weiterhin etwas ganz Selbstverständliches bleibt. Aber wir akzeptieren auch, wenn absolut nicht geteilt werden will. Da versuchen wir immer einen guten Mittelweg zu finden. Diese Entwicklung ist im Buch ebenfalls beschrieben und gut erklärt.

Also zusammengefasst: Mir gefiel dieses Buch sehr gut und der Untertitel „der Eltern Survival-Guide" ist absolut zutreffend. Man bekommt ein gutes Bild über die kindliche Entwicklung ab einem Jahr bis zum Schulalter. Denn selbst wenn die Trotzsituationen anstrengend sind und je nach Entwicklungsschub bei den Kindern phasenweise häufiger oder weniger häufig vorkommen, ist es gerade ein wunderschönes Alter, in dem man seine Kinder beobachtet und voller Stolz neue Entwicklungen wahrnehmen kann. Aus zwei kleinen „Persönchen" werden richtige Persönlichkeiten und wir als Eltern dürfen die Kinder dabei unterstützen und ihnen die Liebe und Sicherheit geben, die sie brauchen. (Svenja F.)

Bei Lennart (links) und Erik klappt das Teilen schon gut. Schwierig wird es, wenn ein drittes Kind dazu kommt. Anders die Situation in der Kita, da sind sie einfach tolle Kinder.

Hirn-Scan zeigt's an

Gerade Frühgeborene sind häufig von sogenannten Teilleistungsstörungen betroffen. Ein Hirn-Scan kann die Lese-Rechtschreibschwäche frühzeitig anzeigen. Und je früher erkannt, desto besser ...

Ein Hirn-Scan im Vorschulalter kann mit einer Trefferquote von 75 Prozent zeigen, ob ein Kind am Ende der ersten Klasse an einer Lese-Rechtschreibschwäche leidet. Das haben Wissenschaftler am Max-Planck-Institut für Kognitions- und Neurowissenschaften herausgefunden. Die Autoren der Studie empfehlen, diese Ergebnisse zur Früherkennung einer Legasthenie bei Kindern im Vorschulalter zu nutzen. Die Deutsche Gesellschaft für Klinische Neurophysiologie und funktionelle Bildgebung (DGKN) hat die Arbeit der Wissenschaftler mit dem Alois-Kornmüller-Preis ausgezeichnet.

Rund jedes 20. Kind hat eine Lese-Rechtschreibschwäche: Das entspricht etwa einem Kind pro Schulklasse. Trotz normaler Intelligenz fällt es Kindern mit einer sogenannten Legasthenie deutlich schwerer als ihren Klassenkameraden, Wörter richtig zu lesen und zu schreiben. „Zwar spielen Umweltfaktoren wie der Bildungsstatus der Eltern eine wichtige Rolle für die Entwicklung der Lese- und Schreibfähigkeiten eines Kindes", erklärt Dr. Michael Skeide, diesjähriger Preisträger der DGKN. „Mehrere Studien haben aber gezeigt, dass die Ursache für Legasthenie auch in den Genen liegt." Bei 141 Kindern untersuchten Skeide und sein Team mithilfe eines MRT-Scans die Ausprägung dieser Gene in bestimmten Hirnregionen, die beim Lesen- und Schreiben lernen eine wichtige Rolle spielen. Dafür machten sie MRT-Aufnahmen von Kindern in der Altersgruppe Klasse 4 bis 8 sowie Kindergarten bis Klasse 1. Sie entdeckten dabei,

dass Kinder mit einer bestimmten Variante des Gens NRSN1 - ein Gen, dass für die Entwicklung der Nervenzellen wichtig ist - strukturelle Unterschiede in einer Hirnregion aufweisen, die Experten als Visual Word Form Area bezeichnen. Sie ist für das Erkennen von Buchstaben und Wörtern zuständig. Schon im Kindergarten, bevor Kinder das Lesen überhaupt lernen, heben sich hier Kindern mit und ohne spätere Legasthenie voneinander ab.

„Je früher eine Legasthenie erkannt wird und die betroffenen Kinder eine entsprechende Förderung erhalten, desto größer ist die Chance, dass die Ausprägung der Störung deutlich abgeschwächt werden kann", sagt Skeide, der am Max-Planck-Institut für Kognitions- und Neurowissenschaften forscht. Screening-Verfahren kämen jedoch meist erst am Ende der zweiten Klasse zum Einsatz, wenn die Schwächen beim Lesen und Schreiben bereits offensichtlich sind. Für die Kinder bedeutet das Frust: Ihr Selbstbewusstsein und die Motivation, zu lernen, leiden. „Im Vorschulalter ist das Gehirn noch sehr plastisch", sagt Skeide. „Hier können wir mit der richtigen Förderung entscheidende Weichen stellen."

Für Zwillinge und Drillinge können solche Forschungsergebnisse vor allem deshalb wichtig sein, da viele von ihnen frühgeboren und aus diesem Grund auch von der Lese-Rechtschreibschwäche betroffen sind. In diesem Zusammenhang empfehle ich einmal mehr das Buch „Frühgeborene und Schule" - **www.fruehgeborene-bildung.de**

Zwillinge - die tägliche Herausforderung

Die eineiigen Zwillinge David und Moses scheinen eine Art zweite Trotzphase durchzumachen. Die erste hätte gereicht - findet ihre Mutter Diana und schreibt einmal auf, wie sie vier Jungs meistert, ohne selbst dabei unterzugehen.

„Hauptsache es werden Jungs" war etwa der zweite Satz meines Mannes, als er erfuhr, dass ich mit Zwillingen schwanger war. Damit war ich einverstanden, da wir schon zwei Jungs hatten, schien es mir einfacher, wenn alle gleich gepolt sind. Auch mir macht buddeln im Dreck und pirschen durch den Wald mehr Spaß als mit Puppen spielen oder Zöpfe flechten. Hatte mich schon früher nie so richtig angesprochen - das ganze Mädchenhafte, wobei ja Mädchen nicht gleich Mädchen sind. Aber ich zog lieber mit den Jungs gegen die Indianer in den Krieg und fand Barbie doof. Jungs schienen mir einfacher. Und unser Wunsch wurde erhört, es kündigten sich zwei Jungs an, da ich mit eineiigen Zwillingen schwanger war.

Inzwischen sind David und Moses fünfeinhalb Jahre alt und ich frage mich öfters, ob es nicht doch einfacher gewesen wäre, wenn wenigstens einer ein Mädchen geworden wäre?! Denn vier Jungs zu erziehen, stellt sich oftmals als große Herausforderung heraus. Dazu kommt, dass Davor nur gerade 15 Monate älter ist als die Zwillinge und sich so auf einem ähnlichen Konkurrenz- und Bedürfnislevel bewegt. Elia ist zwar schon 11 Jahre alt, aber gerade in dem Alter tut sich auch viel und die Brüder stehen sich doch alle sehr nahe, so dass auch er immer wieder in Konflikte gerät. Obwohl ich nicht berufstätig bin, komme ich nicht nur zeit-

lich an meine Grenzen allen Bedürfnissen gerecht zu werden, sondern auch mental.

Gut, gestritten haben sie schon immer. Leider habe ich zwar eineiige, aber leider keine einträchtigen Zwillinge. Ach Gott, wie beneide ich die Zwillingsmütter, deren Kinder harmonisch und friedlich miteinander spielten, während bei uns Mord und Totschlag herrschte wegen eines Duplo-Steines. Und Ihr könnt mir glauben, wir haben immer noch genug Duplo-Steine!

Dabei können sie nicht ohne einander, aber auch nicht miteinander. Als sie noch nicht sprechen konnten, haben sie gebissen, um ihren Standpunkt rüber zu bringen. Die Bisswunden waren zum Teil so tief, dass ich mir überlegte, den Arzt aufzusuchen. Sehnsüchtig wartete ich darauf, dass sie endlich sprechen und sich mitteilen können.

Die Begeisterung schwand dann aber relativ bald nach den ersten Worten. Denn nun konnten sie auch verbal streiten, und zwar mit Vorliebe während des Autofahrens. Öfters hielt ich auf dem Pannenstreifen mit Warnblinker an, nur um den beiden klar zu machen, dass ich unter diesen Bedingungen keinen Meter mehr weiter fahre.

Denn sie sind laut, wirklich laut. Das liegt aber auch daran, dass sie eine richtige Kopfstimme haben. Sehr, sehr hoch und schrill, durchdringend. Hatte Elia aber anscheinend auch, wie mir eine gute Freundin versicherte, fiel mir aber irgendwie nicht auf,

Eineiige Zwillinge heißt nicht gleich einträchtige Zwillinge. Das erfährt auch Diana, Mutter von vier Jungs, darunter die Zwillinge David und Moses. Hier wird den ganzen Tag ausgefochten, wer der bessere ist ...

weil er niemanden im gleichen Alter übertönen musste.

David und Moses hört man wirklich gut. In der Kindergartenpause, wenn sie draußen spielen, höre ich sie bis zu unserer Wohnung und die liegt doch über der Straße zwei Blocks entfernt. Es hat auch seine Vorteile, ich habe meine Jungs noch nie irgendwo verloren, da ich auch quer durch den Supermarkt wusste, wo sie sich aufhalten. Aber ganz ehrlich: freue ich mich darauf, wenn die Stimme in eine angenehmere Tonlage rutscht.

Heute streiten sie sich nicht mehr um Duplo-Steine, aber immer noch täglich. Oft. Laut und körperlich. Sie provozieren sich gerne und es gibt da keinen, der dominiert, sie wechseln sich da ab. Das finde ich immerhin positiv. Ich halte mich zurück, so lange es nicht physisch wird, was aber meistens schnell der Fall ist. Allerdings brauchen Jungs ja auch den körperlichen Kontakt, sie rangeln gerne und viel, alle vier. Da ist es manchmal schwierig, zu definieren, ab wann man ich mich einmischen soll. Aber es gelingt ihnen auch vermehrt, ihren Streit

Noch schlimmer: wenn Moses und David sich verbünden. Dann sind sie ein Bollwerk gegen alle anderen. Und schreien können sie auch - und wie! Man hört sie über Straßen hinweg.

selbst zu schlichten und eine Lösung zu finden, die beiden fair erscheint. Doch das ist im Moment noch eher die Ausnahme und weniger die Regel.

Doch was mich im Moment am meisten herausfordert und wofür ich noch keinen richtigen Umgang gefunden habe, ist, wenn die beiden sich gegen einen anderen verbünden. Meist natürlich gegen mich, aber auch gegen ihre größeren Brüder oder andere Kinder. Dann sind sie eine feste Einheit.

So läuft's bei uns bei Tisch.

Eine klassische Situation ist das Essen. Kaum sind die ersten Bissen runter und der ärgste Hunger gestillt, fangen sie an, Blödsinn zu machen. Jegliche Versuche, dies zu unterbinden, scheitern kläglich. Ein normales Essen ist dann kaum mehr möglich, es wird gelacht, geprustet und Grimassen geschnitten. Sie nehmen mich schlichtweg nicht ernst, sondern lachen mich schon fast aus. Sie spüren, dass ich der Situation machtlos gegenüberstehe und scheinen diesen Augenblick auszukosten. Weder bitten, schimpfen oder drohen, noch das Wegschicken vom Tisch haben geholfen. Das einzige, das funktioniert, ist, es gar nicht so weit kommen zu lassen, in dem ich eine angeregte Tischunterhaltung mit allen Jungs führe, wobei ich aber darauf achten muss, dass die Zwillinge immer mit eingebunden sind und so nicht auf dumme Gedanken kommen. Meine Fähigkeiten als Moderatorin werden zunehmend besser.

Eine andere Schwierigkeit sind die täglichen Wutanfälle, wenn es gerade nicht so läuft, wie es sich David oder Moses vorgestellt haben. Sie machen sozusagen eine zweite Trotzphase durch, dabei hat mir die erste eigentlich schon gut gereicht.

Sei es, dass es keine zusätzliche Folge von „Zig & Sharko" im Fernsehen gibt, der ältere Bruder etwas von seinem Paten bekommen hat oder sie am Abend nach Hause müssen. Einfach gesagt, wenn sie sich irgendwie benachteiligt fühlen, dann wird gebockt, geschmissen, Türen geknallt, geschrien und zerstört, was das Zeug hält. Die ganze Wut wird raus gelassen und dabei ruhig zu bleiben, fällt mir manchmal sehr schwer.

Natürlich achte ich darauf, dass ich alle Jungs fair behandle, was aber nicht heißt, gleich. Elia ist zum Beispiel nun einmal älter und darf später ins Bett, oder Davor hat nun mal heute einen Freund zum Spielen da und die Zwillinge vielleicht erst morgen. Das alles löst im Moment sehr viele Konflikte aus und braucht Nerven aus Stahl.

Meine Kraft und Ruhe hole ich mir an den Vormittagen, an denen die Jungs alle in der Schule und im Kindergarten sind. Ich bin eine leidenschaftliche Läuferin. Das Wetter ist mir egal, ich genieße die Natur, das Laufen und die Ruhe sehr. Hier tanke ich die Energie, die ich benötige. Daneben achte ich gut auf gesunde Ernährung, regelmäßig ausreichend Schlaf und Pausen im Alltag. Ich habe kein schlechtes Gewissen, wenn ich mir Auszeiten nehme und tue dies regelmäßig. Diese kleinen Inseln genieße ich sehr.

Wichtig: Freiraum und Struktur!

Ich versuche, den Jungs Struktur zu geben und Freiraum, wenige, aber klare Regeln und ihnen Respekt zu zollen, aber auch diesen zu verlangen. Es ist schwierig, denn zum einen bin ich selbst nie ein kleiner Junge gewesen und kann daher nicht wissen, wie ein Junge tickt. Aber ich kann versuchen, mich in sie hinein zu versetzten, sie zu beobachten und so zu lernen. Und dann ist da diese unendliche Wärme, die mich durchflutet, wenn ich am Abend mit jedem in seinem Bett kuschle und ins Ohr flüstere, wie sehr ich ihn liebe. (Diana R.)

Adventszeit: richtiger Umgang mit Kerzen

Ein paar einfache Tricks helfen, Kindern den richtigen Umgang mit Kerzen beizubringen. Die Aktionsgemeinschaft DAS SICHERE HAUS hat die Tipps in einer Broschüre zusammengestellt.

Kerzen und Kaminfeuer gehören zur Weihnachtszeit einfach dazu. Da liegt es nahe, auch Kindern den sicheren Umgang mit dem Feuer nahezubringen. Wie das altersgerecht geht, zeigt die reich bebilderte Broschüre „Faszination Feuer! Kinder lernen den verantwortungsvollen Umgang mit Feuer - ein Spielvorschlag". In wenigen Übungsschritten lernen Kids im Alter ab fünf Jahren, wie Streichhölzer und Kerze am besten entzündet werden. Wenig später beherrschen sie dann auch das Feuerzeug.

Steht die Kerze sicher? Das zeigt der Schnipp-Test

Bevor eine Kerze angezündet wird, muss sie so in einen passenden Kerzenständer gedreht werden, dass sie gerade und fest steht. Zur Kontrolle gibt es den Schnipp-Test: Die Kerze bleibt stehen, wenn man mit den Fingern dagegen schnippt.

Jetzt folgen die nächsten Schritte, das Entzünden des Streichholzes und sein Heranführen an den Docht.

Nach dem Schnipp-Test folgt jetzt ein weiteres Experiment: Wie dicht kann das Kind seine Hände von oben an die Kerzenflamme heranführen - und wie nah von der Seite?

Ausgepustet werden muss die Kerze natürlich auch. Dafür ist der Mund in sicherem Abstand auf Höhe der Flamme. Eine Hand hinter der Flamme dient als Windschutz, damit die Flamme sich nicht dem Gesicht nähern kann, etwa bei einem Luftzug. Jetzt wird vorsichtig, dann etwas kräftiger gepustet, bis das Feuer vollständig erloschen ist.

Bestellwege für die Broschüre:

Die Broschüre „Faszination Feuer! Kinder lernen den verantwortungsvollen Umgang mit Feuer - ein Spielvorschlag", herausgeben von der Unfallkasse Berlin und der Aktion DAS SICHERE HAUS (DSH) kostet zwei Euro und kann so bestellt werden:

* Per Post: DSH, Stichwort „Feuer", Holsteinischer Kamp 62, 22081 Hamburg (Bitte zwei 1-Euro-Briefmarken beilegen).
* Per Internet: www.das-sichere-haus.de/broschueren/kinder. Dort gibt es auch die Preisstaffel für größere Bestellmengen.

Wir basteln uns bunte Weihnachtskarten ❄ ❄ ❄

Das macht doch mehr Spaß, als fertige Weihnachtskarten zu kaufen. Wir basteln sie diesmal selber. Und das geht ganz einfach, wie Jana und Zwilling Felix hier zeigen. Die Idee hatte ihre Mutter Katrin.

Dieses Jahr hatte ich keine Lust mehr auf fertige Weihnachtskarten. So habe ich mir Tonpapier besorgt, es zugeschnitten, zur Hälfte gefaltet und die Kinder beliebig mit vier Fingern und Fingerfarbe bedrucken lassen. Kurz mit dem

Föhn antrocknen oder auf die Heizung legen und dann mit Prittstift gelbe Flammen aufkleben. Zuletzt mit dem Edding

den Docht aufmalen und schon sind die vier Lichter des Adventskranzes wirkungsvoll in Szene gesetzt. Einen kleinen Text einlegen und abschicken.

Diese Karten haben uns viel Spaß gemacht und es gab eine große Resonanz der Freunde und Verwandten, die sich riesig gefreut haben.

Das können auch schon Kinder ab einem Jahr, da sollte nur der Erwachsene die Flammen ausschneiden und helfen beim Führen des Prittstiftes.

Da hatten meine Kinder in der Pampers-bande (Anm. d. Red.: Kindergruppe, die von Zwillingsmutter Katrin betreut wird) auch viel Freude dran. Da die jüngeren Kinder den Abdruck noch nicht so perfekt schaffen, sieht es fast noch schöner aus, wie Wachs, das herunterläuft. (Katrin O.)

Fotos: Fertige Karten, links Jana klebt die Flammen auf, rechts Zwilling Felix hat Spaß, seine Finger in die Farbe zu tunken.

Noch mehr Ideen für tolle Weihnachtskarten

Gute Ideen für die alljährliche Gestaltung der Weihnachtskarten hat die Zwillingsmutter Marianne W. aus der Schweiz.

Ihre fünf Kinder, darunter Zwillinge präsentiert sie mal als Kugeln am Baum, mal als Plätzchen.

Dana, Lenz, Flavia und die Zwillinge Laurin und Gianluca geben ein schönes Motiv für die selbstgebastelten Weihnachtskarten ab. Die Ideen werden abfotografiert und dann einfach auf eine farblich passende Karte geklebt.

Wem langweilig ist, der ist selbst schuld!

Basteln ist nicht nur etwas für die Vorweihnachtszeit. Schon im Herbst, wenn Zwillinge aufgrund der Witterung oder weil es so früh dunkel wird, nicht mehr so lange nach draußen können, erfasst manchen die „Bastelwut". Hier haben wir die richtigen Bücher dafür.

Jetzt, wo die Tage wieder kühler und stürmischer werden, brauchen Kinder wieder mehr Beschäftigung im Haus. Und natürlich rückt auch Weihnachten näher. Die neuen Bücher der Edition Michael Fischer bieten dafür viele Inspirationen. Und das Beste daran: Wir verlosen sie über unsere Aktion „Beitrag gegen Buch". *)

Kalle kann's - der orangefarbene Oktopus ist der perfekte Begleiter für die ganz Kleinen bei ihren ersten Zeichen- und Bastelprojekten. Jeder Arbeitsschritt wird von einem hilfreichen Bild begleitet und kommt fast ohne Text aus - so können schon kleine Zwillinge fast allein malen oder basteln. Und falls es doch mal knifflig wird, steht Kalle den Kindern mit Rat und Tat und vielen lustigen Sprüchen zur Seite.

In **„Mein erster Zeichenkurs"** werden mehr als 40 Tiere wie Pinguin, Flamingo, Eichhörnchen und Ziege werden in wenigen Arbeitsschritten nachgezeichnet. Mit **„Mein erstes Bastelbuch"** können Kinder ab 3 Jahren mit Klebstoff, Schere, Wolle und Co. sofort loslegen. Die 26 Projekte, zum Beispiel ein Monster aus Pappmaché, eine Paradiesvogelmaske oder ein Mobile aus Perlen und Federn, sind leicht umzusetzen und gelingen garantiert.

Spiel und Spaß zu Hause trotz Wolkenbruch und Hagelschauer: **„Das Regentage-Kreativbuch"** stellt spannende Ideen zur Kinderbeschäftigung bei schlechtem Wetter vor. Die vielseitigen Projekte regen spielerisch die kindliche Kreativität und Entdeckungsfreude an. Sie inspirieren kleine Abenteurer ab 3 Jahren zu originellen Ideen und vermitteln Spaß am Basteln, Backen und Selbermachen. Auf diese Weise entstehen an einem tristen Regentag lustige Badebomben, hübsche Regenbilder, leckere Grummelmonster-Kekse und ein praktisches Regenmessgerät. Mit diesem Buch herrscht keine Langeweile mehr bei schlechtem Wetter - und auch nicht bei Sonnenschein!

Und das vierte Buch im Bunde widmet sich der Weihnachtsbastelei. Egal ob Adventskalender, Tannen-Geschenkpapier, Schneetiermarionetten oder bunte Weihnachtskarten: Im Handumdrehen entstehen mit dem **„Kinderkunst-Kreativbuch - Winter und Weihnachten"** kleine Geschenke für die Liebsten, bunte Spielereien und winterliche Kunstwerke, die sich perfekt in Szene setzen lassen. Die verschiedenen Kreativtechniken wie Malen, Zeichnen, Drucken oder Kleben werden kindgerecht und anschaulich erklärt.

*) alle Bücher werden verlost, beziehungsweise verschenkt, wenn Ihr uns einen schönen Beitrag aus Eurem Alltag mit Zwillingen schreibt. Meldet Euch unter info@twins.de mit einer E-Mail.

Den meisten Zwillingen macht Basteln Spaß. Doch woher nur immer die Anleitungen nehmen? Die neuen Bücher der Edition Michael Fischer sind perfekt für Bastelfreaks und deren Mütter.

ISBN 978-3-86355-797-3, 9,99 €
ISBN 978-3-86355-798-0, 9,99 €
ISBN 978-3-86355-790-4, 19,99 €
ISBN 978-3-86355-811-6, 19,99 €
(von links) alle Bücher sind im Buchhandel erhältlich

Computerspielen: Fünf Tipps für Eltern

Als neulich amerikanische Freunde zu Besuch waren, war ich erstaunt, wie die dreijährige Stella schon auf dem iPad herumwischte und selbständig Videos anschaute. Wieviel Zeit am Computer ist lang genug? Und welche Spiele sind o.k.? Eltern sollten sich kümmern.

Vom 22. bis 26. August 2017 haben sich in Köln tausende Fans und Unternehmen zu einer der wichtigsten Computer- und Videospielmessen der Welt - der Gamescom getroffen (2016: 345.000 Besucher). Laut Bundesverband Interaktive Unterhaltungssoftware sind im vergangenen Jahr rund 2,9 Milliarden Euro mit Spielkonsolen und Games umgesetzt worden.

„SCHAU HIN! Was Dein Kind mit Medien macht", der Medienratgeber für Familien, hat zur Messe fünf wichtige Tipps für Eltern und Erziehungsberechtigte zusammengestellt.

1. Informieren - und mitspielen!

Am besten lassen sich Eltern die Spiele von ihrem Kind zeigen. Damit bezeugen sie nicht nur Interesse, dies schafft gemeinsame Erlebnisse. Viele Spiele lassen sich auch von mehreren Personen gleichzeitig spielen - auch Eltern können den Controller ruhig mal in die Hand nehmen. Das ist sogar sinnvoll, weil Eltern so ein Verständnis für die Sache bekommen und von den Kindern als Gesprächspartner ernst genommen werden.

2. Passende Spiele finden.

Orientierung, welche Spiele für welches Alter passen, bietet die Altersangabe der Unterhaltungssoftware Selbstkontrolle, genannt USK. Eltern und Erziehende sollten darauf achten, dass sich ihre Kinder nur mit solchen Spielen beschäftigen, die für ihr Alter freigegeben sind. Es gibt fünf Prüfsiegel (ab 0, ab 6, ab 12, ab 16, ab 18 Jahre).

3. Tragbar oder stationär?

Spiele lassen sich am Computer, auf Konsolen und mobilen Geräten spielen. Wichtig ist, dass Eltern sich vor der Anschaffung über diese Geräte informieren und sie vorher testen, etwa beim Händler oder auch indem sie diese von Freunden ausleihen, um zu sehen, welchen Einfluss diese Dinge auf den Familienalltag haben.

Tragbare Geräte lassen sich gut im Urlaub verwenden. Allerdings lässt sich auch schwerer nachvollziehen, wie oft sie genutzt werden. Der Vorteil stationärer Konsolen: Die Eltern können besser sehen, was auf dem Bildschirm geschieht.

4. In Maßen nutzen.

Viele Eltern sind sich unsicher, wie lang, „lang genug" ist. Als eine grobe Richtschnur gilt: Kinder bis fünf Jahre sollten nicht täglich digitale Spiele spielen und nicht länger als eine halbe Stunde am Tag vor einem Bildschirm verbringen, Kinder von sechs bis neun Jahren eine Stunde. Kinder ab etwa zehn Jahren können sich zunehmend selbstständig ihre Medienzeit pro Woche einteilen.

5. Hilfe holen, wenn es zu viel wird.

Manche Kinder und Jugendliche verlieren sich regelrecht in den digitalen Welten - sie vergessen die Zeit, vernachlässigen Schule und Freunde. Oft wird schnell von „Mediensucht" gesprochen.
Richtig ist allerdings, dass die Realitätsflucht auf Dauer gefährlich ist. Eltern sollten deshalb mit ihren Kindern reden, sich aber auch Hilfe holen, wenn ein Zuviel an Spielzeit am Computer zu einem echten Familienproblem wird.

Zu den verschiedenen Themen - und vielen weiteren - bietet der Medienratgeber „SCHAU HIN!"*) nicht nur umfangreiche Hintergrundinformationen. Auf der Internetseite www.schau-hin.info werden im Bereich „Medien" unter dem Stichwort „Games" viele Aspekte behandelt.

*)„SCHAU HIN! Was Dein Kind mit Medien macht." ist eine gemeinsame Initiative des Bundesministeriums für Familie, Senioren, Frauen und Jugend, der beiden öffentlich-rechtlichen Sender Das Erste und ZDF sowie der Programmzeitschrift TV SPIELFILM. Der Medienratgeber für

Wieviel Computer darf sein pro Tag? Henrik und Torben freuen sich, dass sie unerwartet an den PC dürfen, damit wir ein Foto für ZWILLINGE - DAS MAGAZIN bekommen. Bei Zwillingen kommt noch ein anderes Problem hinzu: Sie müssen abwechseln, wenn nur ein Computer oder Spielgerät zur Verfügung steht.

Familien unterstützt seit 2003 Eltern und Erziehende dabei, Kinder im Umgang mit Medien zu stärken.

Draußen spielen statt Computer & Games

In Studien wird immer wieder festgestellt, wie dick viele Kinder sind. Das liegt sicher auch an mangelnder Bewegung. Zwillingsmutter Katrin macht ihren vier Kindern mit einer modernen Schatzsuche Beine.

Wie motiviert man Heranwachsende nach draußen zu gehen? Die Jugend von heute sitzt gerne am Handy, am Computer, am PC ... Auch meine Kinder sind da nicht anders. So mussten wir die Zeiten eingrenzen, damit sie auch mal auf andere Gedanken kommen. Aber, wie kriegt man sie nach draußen? Und wie können sie außerdem Spaß daran haben?

Spannend: Moderne Schatzsuche

Seit 2,5 Jahren sind wir als Geocacher - wenn man so will, als moderne Schatzsucher - unterwegs. Doch jetzt wird das Interesse weniger. So haben wir uns überlegt, wie können wir Jana (11 Jahre) und Christina (13 Jahre) wieder motivieren, in die Natur zu gehen? Geocaching ist die Verbindung von Internet und draußen in der Natur sein, um kleine Schätze in der Natur zu finden. Das macht natürlich auch unseren Zwillingen Felix und Malte Spaß.

Wie funktioniert Geocaching? Jedes Mädchen hat nun einen eigenen Account bekommen und ist uns nicht mehr angegliedert. Jeder wählt sich einen eigenen Codenamen und braucht für die Basismitgliedschaft auf dieser Plattform keinen Betrag zu zahlen.

So können sie auch mit Freunden ihre eigenen Erlebnisse beim Geocaching unternehmen und den anderen mitteilen. Das ermutigte sie, wieder mehr in der Natur unterwegs zu sein und auch allein loszugehen.

Der einzige Nachteil ist, das man bei der Basismitgliedschaft nicht alle Cache (als Cache wird ein Ort bezeichnet, der gesucht wird und gefunden werden muss) sieht, aber wir können ja auch hin und wieder gemeinsam unterwegs sein.

Wir Eltern haben die Premium-Mitgliedschaft, die kostet 30 Euro im Jahr, so können wir alle Caches im Internet sehen, die uns interessieren und die auch machen.

Jana schrieb hierzu: „Einen eigenen Account zu haben, motivierte mich sozusagen, wieder mehr Caches zu machen und unterwegs zu sein. In meinem eigenen Account konnte ich auch all das schreiben, was ich will. Mein eigenes Passwort zu haben, finde ich auch toll. Ich weiß nicht wieso, aber als ich mir ein eigenes Passwort ausdenken durfte, war ich richtig stolz, denn niemand meiner Geschwister kannte es. Es tut mal gut, etwas zu wissen, was die Geschwister nicht wissen, auch wenn es nicht viel ist." Jana alias Klettermaus 2805

Wir freuen uns, dass unsere Kinder an der Natur Spaß haben. Und das gelingt mit diesem Hobby. (Katrin O.)

Geocaching ist ein Hobby, das die Natur, Spiel, Spaß, Abenteuer, Familie und Freunde mit einbezieht. Dies ist ein Hobby für Kinder, Jugendliche und Erwachsene. Das wichtigste für mich beim Geocaching ist der Weg und nicht nur das Ziel. Was bedeutet Geocaching? Geo ist das griechische Wort für Erde. Cache bedeutet Schlupfwinkel oder Versteck. Was ist das besondere an Geocaching? Oft macht man ja immer nur dieselben Spazierwege. Das ist für Kinder auf Dauer langweilig. Durch das Geocaching kommt man an Orte und Plätze, die man nie vorher gesehen hat und die man immer wieder besuchen kann, weil sie einem so gut gefallen haben.

Das große Suchen (oben) macht allen Spaß: den großen Schwestern Jana (links), Christina (rechts) und den Zwillingen Malte und Felix.

Auf **www.geocaching.com** kann man sich auch genau darüber informieren.

Besonders schöne Weihnachtsfotos hat der ABC-Club ... siehe links

Da können Annika und die Zwillinge Malin und Madita mithalten - siehe rechts.

Und diese beiden (Vito und Paolo) sind sowieso zuckersüß ...

Schöne Weihnachten!

Auch schon weihnachtlich gestimmt: Annika, Nico und Jan - links.

Und auch dieses Foto stammt vom ABC-Club ... hier unten.

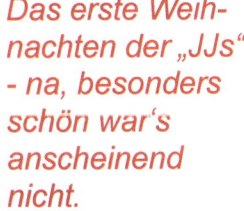

Das erste Weihnachten der „JJs" - na, besonders schön war's anscheinend nicht.

Vom Radfahren & Weihnachtsstimmung

Seit ihrer Geburt dürfen wir die Zwillinge Janna und Astrid begleiten. Ihre Mutter, Sigrun Eder, schreibt u.a. Erziehungsbücher, die beim Verlag Edition Riedenburg verlegt werden. Heute: Radfahren.

Wahnsinn. Ich bin total stolz auf meine Töchter. Wir haben im Herbst unsere erste Radtour unternommen und dieses - meinerseits schon mit etwas Ungeduld angepeilte - Ziel noch last minute erreicht.

Allerdings bin ich zutiefst davon überzeugt, dass dies auch schon Monate zuvor drin gewesen wäre. Denn Astrid und Janna haben fleißig mit ihrem Papa Radfahren geübt. Doch immer wenn ich am Nachmittag vorschlug, ein paar Runden zu drehen, hatten Astrid und Janna Besseres vor. Ich fand das sehr schade, da die im Frühling neu gekauften Räder meinem Gefühl nach schon Staub ansetzen. Übrigens mussten wir haargenau dieselben Räder erwerben, denen sie bereits entwachsen waren. Somit fahren Astrid und Janna wieder Pukies mal in lila Farbe und mal in rosa mit Prinzessin Lillifee-Applikation.

Doch zurück zur Radtour-Premiere: Diesmal wurde mein Vorschlag, mit dem Rad die Sonnenstrahlen zu genießen, einstimmig angenommen. Vermutlich gerade deshalb, weil sie sich ohne Freundin im Schlepptau beim Stadtfest langweilten. Und dann ging es ziemlich schnell. Die Räder wurden geholt, Route und Endziel vereinbart und los ging es. Am Zielort durfte ich ausnahmsweise ein Foto von den Mädels als Beweis machen. Nach den üblichen wilden Kunststücken am Klettergerüst fuhren wir wieder heim, dabei rief mir Janna zu:

„Mama, mach Turbo", ich war ihr nämlich zu langsam. Als uns ein vorbeikommendes Auto aus Rücksicht auf uns stehenblieb und ich die Hand zum Dank hob, hat Janna das gesehen und mir später stolz erzählt: „Das kann ich auch schon!" Immer mutiger und sicherer auch auf der Straße unterwegs wollten sie noch ein wenig mehr von dem erhebenden Freiheitsgefühl haben. Also radelten wir eine weitere Runde und von da an, war unser Radius ein wesentlich größerer. Wobei Janna am liebsten immer vor mir fahren würde und ich darauf achten muss, dass auch Astrid die Pole-Position hat.

Nachdem Astrid und Janna das Rad als praktisches Fortbewegungsmittel für Erkundungstouren im Viertel entdeckt haben und stolz im Sattel sitzen, gab es den nächsten Ego-Boost für sie: Von den Kindergartenpädagoginnen erhielten sie einen Brief, indem sie offiziell in die Reihe der SchulanfängerInnen aufgenommen wurden. Damit verbunden war auch eine Einkaufsliste, die wir noch am gleichen Tag abarbeiten mussten. Dabei hat sich jede nach ihrem Geschmack, Federmäppchen, Bleistift, Radiergummi, Spitzer und Lineal aussuchen dürfen, während ich die Buntstifte ausgewählt habe. Freudig wurde alles am nächsten Tag im Kindergarten präsentiert.

Und mir nach einer Weile mitgeteilt, was die neue Zugehörigkeit noch so verändert hat: Schließlich sei laut Kindergartenpäda-

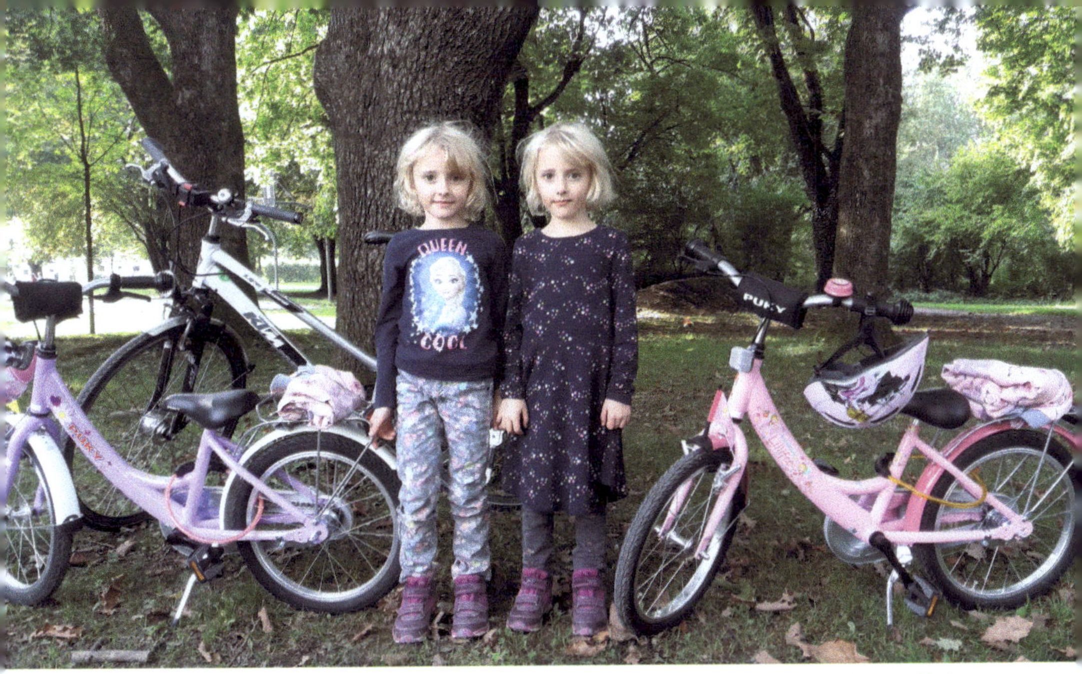

Janna (links) und Astrid haben nun doch Gefallen am Fahrradfahren gefunden. Jetzt kann Weihnachten kommen - siehe nächste Seite.

goginnen seither auch die Bereitschaft gestiegen, bestimmte Aufgaben zu übernehmen. Ich kann das insofern bestätigen, dass ich bei Fragen, ob sie dies und das können, die Antwort erhalte: „Ja sicher. Wir sind doch schon Schulanfänger."
Seither greife ich auf diese neue Einstellung zurück, wenn mich das Kinderzimmer

Für Kinder, die keine volle Hose wollen ...

Das Bilder-Erzählbuch „Kacks ade!" eignet sich für Kinder ab etwa vier Jahre, die ihr Kacks einfach runterspülen und keine volle Hose mehr haben wollen. In der farbenfroh illustrierten Bildergeschichte geht es um Lolas stinkiges Problem. Stets landet Lolas Kacks dort, wo es nicht hingehört: in der Hose, im Bett oder sogar als Kunstwerk an den Wänden. Lola bekommt vom Kacks-Verdrücken nach einiger Zeit scheußliches Bauchweh und muss zum Arzt. Als die Medikamente Lolas Kacks endlich klein gemacht haben und es auf der Toilette raus kann, beschließt Lola, ihr Verhalten zu ändern. Die anschließenden, zahlreichen Mit-Mach-Seiten zum Aufschreiben und Aufmalen helfen Kindern, das Kacks-Problem besser zu verstehen und herauszufinden, wie sie es loswerden können. Ein Titel der Kindersachbuchreihe „SOWAS!" von Psychologin Sigrun Eder (www.sowas-buch.de).

Verlag edition riedenburg
www.editionriedenburg.at
ISBN 978-3-903085-55-8
14,90 Euro

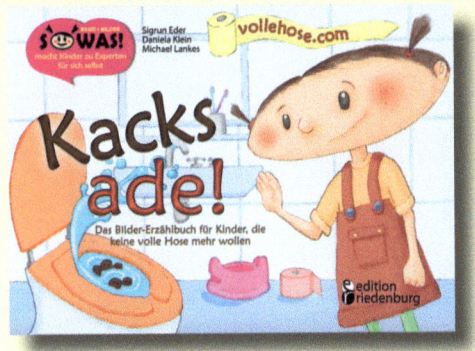

Aufräumen wahrlich Nullo interessiert und sage dann: „Bitte aufräumen. Schulanfängerinnen können das schon ohne Mamas Hilfe." Meistens klappt das. Mithelfen tu ich sowieso, indem ich sie bei außerordentlichem Chaos konkret anleite. Es ist auch schon passiert, dass die eine oder andere von selbst ganz geheim aufgeräumt hat, um schneller den Freifahrtschein für eine der Lieblingsserien zu bekommen.

Und dann habe ich noch etwas Neues beobachtet: Astrid und Janna stellten sich heuer von selbst auf das Highlight des Jahres ein. Bereits im Oktober haben sie die Weihnachtslieder-CD hervorgekramt und wir hören sie nun täglich am Weg zum Kindergarten an. Für meinen Geschmack einen Tick zu früh, da die beiden lautstark mitsingen.

Hingegen konnte ich ihren Wunsch, Lebkuchen zu machen, gänzlich unterstützen. So machten wir den Teig nach Omas legendärem Rezept und haben Hunde, Hase, Sterne, Engel, Gitarren, Kamele und Tannenbäume ausgestochen. Viel ist nicht mehr übrig davon, da Astrid und Janna ihr Backwerk nicht nur bewunderten, sondern auch schwupp-di-wupp verkosteten.

Ach ja und einen Adventskalender haben wir auch schon vor Wochen besorgt. Ein bisschen ausgebootet fühle ich mich schon, nämlich von den Stars Elsa & Anna. Denn statt dem hübschen, selbst zu befüllenden Adventskalender, haben Astrid und Anna auf die „Frozen"-Variante bestanden und nach kurzem Hadern habe ich mich damit arrangiert.

Etwas diffiziler gestaltet sich hingegen die unvermutet aufkommende Frage: „Mama, gibt es das Christkind?", die mich ein bisschen im Frühverkehr ins Schwitzen brachte. Ich gab sie zurück mit „Was meint Ihr?" und nach der Antwort, die lautete „Ja sicher", wurde die Beweislast wieder an mich dirigiert. Denn eine meiner Töchter meinte sehr bestimmt: „Mama, Du hast gesagt, Du hast es schon mal gesehen." Puh. Kann ich mir schwer vorstellen, dass ich mich das zu sagen getraut hätte. Mangels dieser nicht abrufbaren Erinnerung entschied ich mich zur Sicherheit, mich einer Antwort zu enthalten und auf weitere Fragen zu warten. Mal sehen, was bis Weihnachten noch alles kommt! (Sigrun Eder)

Weihnachten naht - bei Astrid (links) und Janna hat die vorweihnachtliche Backsaison begonnen. Es gibt wieder Leckeres aus Omas Lebkuchenteig.

Zwillingstreffen in Bielefeld

Gern hätte ich selbst am Zwillingstreffen in Bielefeld teilgenommen, doch dann sprang unser Autor Siegmar Stücher ein. Er war sowieso vor Ort, weil seine Zwillingssöhne unbedingt in Bielefeld dabei sein wollten.

Eine schöne Idee: Die Forscher an der Bielefelder Universität wollten abseits ihrer wissenschaftlichen Beschäftigung mit dem Phänomen Zwillinge einmal einen lockeren Tag mit Zwillingen und deren Eltern verleben. Das Zwillingstreffen „Faszination Zwillinge" war geboren.

Das erste Vaterbuch für Zwillingsväter ... bei uns auf www.twins.de

Unser Autor hat daran teilgenommen und den Büchertisch - nicht nur mit seinem Buch - betreut. Unterstützt wurde er von seinen Jungs. Danke! Leider wurde das große Treffen nicht so besucht, wie sich alle gewünscht hätten. Schade.

Siegmar Stücher
Mein Leben als Zwillingsvater - vom Kreißsaal bis ins Fußballstadion
19,90 Euro (print)
14,99 Euro (E-Book)
ISBN 978-3-927058-34-7 - im Buchhandel und unter www.twins.de

Ein Zwillingsvater
schreibt ein Buch.
Warum?

Immer wieder wird Siegmar Stücher gefragt, wie er auf die Idee kam, ein Buch über sein Leben als Zwillingsvater zu schreiben. Ganz einfach: In schlaflosen Nächten hielt er sich mit seinen Gedanken wach.

Immer wieder werde ich gefragt, warum ich eigentlich ein Buch über uns, also die Familie und die Zwillinge, geschrieben habe. Es ist jetzt immerhin schon so etwa 14 Jahre her, dass ich damit begonnen hatte, so dass ich eine sichere Antwort gar nicht mehr parat habe. Ich denke, begonnen hat es damit, dass meine Frau und ich irgendwann einfach aufgehört haben, das Baby-Tagebuch zu schreiben. Da fehlte mir vielleicht etwas.

Schlaflose Nächte - Tagebuch schreiben hilft

Das Baby- oder besser Zwillingstagebuch war unsere Hauptkommunikation in schlaflosen Nächten gewesen. Ich hatte irgendwann vor der Geburt damit angefangen, ein paar Gefühle aufzuschreiben, einfach als Erinnerung für später. Dann haben wir es dazu genutzt, zu notieren, welcher Zwilling nachts wann genau geschlafen hat, wann was getrunken/gegessen hat, wann wer gesäubert wurde und wann wer wie seine großen Geschäfte erledigt hat. Ziel war es in dieser Zeit, nachts eine Übergabe ohne Worte stattfinden lassen zu können. Wir haben uns meist irgendwie nachts abgewechselt und da ist es hilfreich sofort zu wissen, ob der Zwilling, der gerade schreit, nicht vielleicht eben vor 30 Minuten schon gefüttert worden ist und ob er vielleicht noch Hunger haben könnte. Oder es half einfach, nicht den „falschen" zu erwischen, der gerade erst gewickelt worden ist. Eine gruselige Idee, das erst nach fünf verlorenen Minuten

festzustellen, statt die Zeit zum Schlafen genutzt zu haben …

Irgendwie habe ich dann, als die Zeit des Zwillingstagebuchs vorbei war, weil die Jungs durchschliefen und die Kommunikation zwischen meiner Frau und mir von der Tiefschlafebene wieder auf eine sprachliche zurückgefunden hatte, einfach weiter geschrieben. Und irgendwann stellte ich dann beim Nachlesen fest, dass ich eigentlich schon einen schönen Anfang für ein Buch zusammen hatte.

Wenn ich jetzt drüber nachdenke, gab es allerdings weitere Gründe dafür, die Idee nicht gleich wieder zu vergessen:

Erstens: Wie sagt man doch? „Ein Mann muss einen Baum pflanzen, ein Kind zeugen und ein Haus bauen." Oder so ähnlich. Ich fand immer schon, dass das nicht reicht. Ein Buch hatte mich schon immer gereizt. Auch in 70 Jahren (oder vielleicht auch länger) würde irgendwo noch ein Exemplar irgendwo in meiner Nachkommenschaft im Regal stehen, mit unseren Bildern darin, mit lustigen Geschichten und wenn ich längst schon gestorben bin, vielleicht sogar, wenn die Zwillinge nicht mehr auf Erden weilen, so wird irgendwann wieder einmal jemand an uns denken, unsere Namen und unsere Geschichten lesen. Besser als jedes Haus oder jeder Baum, nicht wahr?

Zweitens: Der eigentliche Grund ist aber, ehrlich gesagt, wohl der, dass ich mich schon in der Schwangerschaft (und erst recht nach der Geburt der Jungs) über vieles geärgert habe und mich einfach gegen die vielen Frauen, die in diesem

Zeitraum die Regeln bestimmten, irgendwie auflehnen wollte.

Schon während der Schwangerschaft merkt man als angehender Vater, dass jeder Tipp einer weiblichen Bekannten zehnmal ernster genommen wird, als die Meinung des Erzeugers.

Und nach der Geburt wissen alle Frauen, Mütter, Schwiegermütter und Omas immer alles besser.

Frauen wissen immer (fast) alles besser!

Und es macht einfach keinen Sinn, sich da offensichtlich quer zu stellen, wenn man auch der Meinung ist, es einfach besser zu wissen. Man erntet nur Ärger, Hohn und Spott oder wird einfach nicht ernst genommen.

Oder man wird gleich zum Rabenvater gestempelt, nur, weil man meint, dass ein Baby/Kind vielleicht gerade schwer verhätschelt wird, statt dass es lernt, dies oder jenes auch mal selbst zu machen. Väter im Allgemeinen stehen da immer vor dem Problem, dass es die weibliche Verwandt- und Bekanntschaft besser weiß.

Endlich kann ich mal was sagen!

Im Buch konnte ich bei jeder Gelegenheit sofort ein eigenes Kapitel dazu anlegen und kundtun, was ich sonst nicht sagen wollte, um den häuslichen Frieden nicht zu gefährden.

Ja, ich denke, das war der Hauptgrund. Niemals hatte irgendwer bisher über die Väter geschrieben. Und erst recht nicht über Zwillingsväter. Da kann ich heute noch sagen, drei Jahre nach Erscheinen des Buchs, dass ich da der Erste war. „Ein Pionier der Vaterratgeber", „ein Vorreiter der männlichen Gleichberechtigung in der Erziehung". Letztlich vielleicht auch nur ein „männlicher Spaßvogel, der gedacht hat, sein Buch würde Vätern wirklich helfen".

Als ich dann einmal begonnen hatte, das Buch zu schreiben, konnte ich gar nicht mehr aufhören. Da gab es immer wieder Neues zu berichten. Die ersten Schritte, die ersten Runden auf dem Fahrrad, der Kindergarten, die Grundschule, die weiterführende Schule, irgendwie kam immer etwas Neues dazu. Auch heute könnte ich noch immer wieder mal ein Kapitel hinzufügen. Gerade, als ich mich dann entschieden hatte, das Buch zu veröffentlichen, bekam ich gegen die vielen weiblichen Berater nämlich die erste wirklich sinnvolle Unterstützung: Meine Söhne.

Was hilft ein Rat der Mutter, sich warm anzuziehen, wenn wir zum Fußballspiel fahren, wenn sie nicht weiß, was die Abseitsregel ist? Und Fußball ist da eine schöne, aber lange nicht die einzige Möglichkeit, Kompetenzen zu erweitern. Autorennbahn, der erste Computer, das erste Handy, die Playstation, der Festplattenreceiver oder der WLAN-Router sind bei uns (Gott sei Dank) Männerthemen.

Endlich werde ich wieder akzeptiert als wertvoller Ansprechpartner. Naja, vielleicht auch nur, weil meine Frau Mitleid mit mir hatte und es zugelassen hat …

Aber egal: Ich habe ein Buch geschrieben und da steht drin, dass ich auch ab und an mal Recht hatte. So steht es geschrieben …! (Siegmar Stücher)

Mein Leben als Zwillingsvater - vom Kreißsaal bis ins Fußballstadion

Siegmar Stüchers Buch (Abbildung auf Seite 57) kann man unter www.twins.de, aber auch im normalen Buchhandel kaufen. ISBN 978-3-927058-34-7

Wer mehr über Familie Stücher wissen möchte, muss das Buch lesen, mit dem Siegmar Stücher auch seine Frau total überraschte ...

Mein Leben als Zwillingsvater

Siegmar Stücher

vom Kreißsaal bis ins Fußballstadion

Edition Kirchweihtal

ISBN 978-3-927058-34-7 - auch im Buchhandel für 19,90 Euro.

Zwilling sein - wie ist das? Julia & Nina

Julia und Nina Meise kennt man ... zum Beispiel aus der ratiopharm-Werbung. Die eineiigen Zwillinge fingen mit dem Modeln an, als sie 16 waren und noch naturbraune Haare hatten. Jetzt haben sie ein Buch geschrieben über ihr Dasein als Zwillingsschwestern.

Der Titel des Buches sagt es schon: „Zu zweit ist man weniger allein." Julia und Nina sind eineiige Zwillingsschwestern, die hier von Seelenverwandtschaft, Verwechslungsgefahr und ihren großen Zielen schreiben.

Und eines ihrer großen Ziele haben sie bereits erreicht. Die beiden haben einen

Julia und Nina Meise

Zu zweit ist man weniger allein

Von Seelenverwandtschaft, Verwechslungsgefahr und großen Zielen

mvgverlag

Job, von dem viele Mädchen träumen: sie sind Models. Die beiden leben und arbeiten zusammen. Und sie sind sich gegenseitig stets die ärgsten Kritiker.

Julia und Nina wurden als Frühchen geboren. Ihre Mutter wachte nächtelang über sie, immer in Sorge, dass es eines ihrer kleinen Mädchen „nicht machen würde". Sie lag - wahrscheinlich sogar zur gleichen Zeit wie ich - auf dem Boden neben dem Bettchen und versuchte, irgendeine Regung ihrer Zwilling zu spüren, um beruhigt zu sein. Julia und Nina sind anscheinend gleich alt wie meine eigenen Zwillinge, Maximilian und Constantin.

Nicht, dass diese übertriebene Sorge bedeutete, dass die Mutter der beiden Meise-Zwillinge ihre Mutterpflichten gern übernahm - die Zwillinge empfand sie eher als eine Art Fessel ... und diese streifte sie ab, als sie ging. Die Mädchen waren neun Jahre alt und blieben beim Vater, einem Arzt.

Zwillingsbücher kann man nicht genug lesen ... hier ist ein neues Buch von Julia und Nina Meise „Zu zweit ist man weniger alleine", mvg-Verlag, ISBN 978-3-86882-774-3, 17,99 Euro.

Was könnte mehr zusammenschweißen, als solch ein Schicksal? Das Zwillingsein an sich.

Und so machten die beiden einfach weiter wie bisher - als Barbiefans hatten sie nicht nur Barbiepuppen, sondern ein ganzes Barbieimperium mit Barbievillen und Barbieautos und allem, was dazu gehört. Keine Frage: die Barbies waren auch Zwillinge, was sonst. Als ihnen irgendwann einmal ein einzelner Ken geschenkt wurde, flog der nach kurzer Nichtbeachtung in den Vorgarten und da lag er dann, bis er verschwand.

Gab es einen „Ken" im Leben der beiden Models? Und wenn ja, waren sie beide in den gleichen Ken verliebt? Ab Seite 63 erfahren wir mehr darüber. Die beiden bezeichnen sich als Spätzünder. Wieso sollten sie sich für Jungs interessieren? Sie hatten doch sich.

Das änderte sich, als Sebastian auf einem Tennisplatz in ihr Leben trat. Nina, die diese Passage schrieb, wusste sofort, dass sich ihre Schwester in den charmanten Aushilfs-Tennislehrer verliebt hatte. Sie konnte die besonderen Schwingungen spüren.

Nina war allerdings ebenso „hin und weg" und so spielten die beiden das schlechteste Tennis, das man sich denken konnte. Sie waren 17 und hatten seit sie 9 Jahre alt waren, Tennisunterricht.

Sebastian war der erste, der die beiden Schwestern entzweite. Nina entschied das Duell für sich und so wurde der junge Mann ihr erster Freund. Julia schmollte 14 Tage lang, dann fügte sie sich und die drei gingen fortan zu dritt durchs Leben. Sie war immer mit dabei, wenn es möglich war.

Und als sich Nina und Sebastian trennten, verlor er gleich zwei Mädchen, die ihn lieb gehabt hatten - jede auf seine Weise. Männer - das wussten sie

nun, konnten sie auseinanderbringen. Etwas mehr über das Modeln erfahren wir im Buch ab Seite 92. Erstaunlich: das Doppeltsein stand dabei manchmal mehr im Weg als man vermuten würde. Sie wurden ermahnt, die Unterschiede herauszustreichen ... Zwillinge, das Doppelpack, punktete vor allem bei der ratiopharm-Werbung, die genau auf Zwillinge abgestimmt ist. „ratiopharm ist die Story unseres Lebens", schreibt Nina und diese Story begann im Jahr 2000, als die beiden die erste Werbestaffel mit den ratiopharm-Zwillingen Folke und Gyde sahen, die später die Agentur Erbse und Wurzel in Hamburg gegründet hatten, um auch andere Zwillinge in die Werbebranche zu vermitteln. Dennoch: es dauerte einige enttäuschende Castings, bis die Julia und Nina ihre erste eigene ratiopharm-Kampagne hatten ...

Zwischendurch wurden sie für die Reportage „Auf-und-davon" auf ihrer Reise nach Kapstadt gefilmt und sie drehten selbst Filme. „Bettgeschichten" - das war ihr Abschlussprojekt für die Frank-Elstner-Masterclass, bei der sich Julia und Nina zu Moderatorinnen ausbilden ließen. Sie nutzten die Tatsache, dass 85 von 100 Männern anscheinend davon träumen, das Bett mit zwei Frauen zu teilen - und was, wenn diese beiden Schwestern wären, Zwillingsschwestern? Diese Serie brachte ihnen Prominente wie Rainer Langhans ins gemeinsame Bett. Natürlich wurde hier nur geplaudert ...

Und schließlich haben sie auch beide einen echten Mann für's Leben gefunden: Alex. Und zwar jede ihren eigenen Alex. Das amüsant zu lesende Buch über eine geheimnisvolle Beziehung, die Zwillingsbeziehung - geben wir gerne als kleinen Bonus an jemanden weiter, der aus seinem Leben mit Zwillingen schreibt: Bewerbt Euch unter info@twins.de

Urlaubspläne: jetzt schon mal träumen

Was kann man in den Ferien unternehmen? Das hatten wir auf unserem Blog unter www.zwillingemachenkriegenhaben.de gefragt. Svenja, die im Norden Deutschlands lebt, hatte eine Idee.

Ich würde die Ostseeinsel Rügen empfehlen oder auch Fischland-Darß-Zingst (das ist Mecklenburg Vorpommern) oder wenn Schleswig Holstein eine Idee ist (da wohnen wir ...): Dann würde ich immer auch Lübeck als Städtereise empfehlen.

Tolle historische Innenstadt (Altstadtinsel) mit vielen schönen Cafés, Restaurants (Ratskeller und Schiffergesellschaft) und vor allem Museen und Kirchen (Holstentor, Hansemuseum, Dom, Marienkirche und Petri Aussichtsturm) und dem Gängeviertel (es gibt geführte Touren durch Lübecks Gängeviertel). Hier spürt man absolut die Hansevergangenheit, als Lübeck eine große Rolle im internationalen Handel spielte.

Es gibt Barkassenfahrten (auch bis Travemünde direkt an der Ostsee). Auch die vielen Ostseestrände sind schnell zu erreichen = Travemünde ist circa 30 Minuten entfernt. Und dann kann man noch hoch bis Fehmarn fahren.

In Scharbeutz ist die Ostseetherme für schlechtes Wetter und in Sierksdorf der Hansapark (Vergnügungspark), in

Erik (links) und Lennart müssen gar nicht weit fahren: Sie haben die Ostsee mit ihren schönen Stränden vor der Haustür.

Grömitz gibt es einen tollen (und günstigen) Zoo namens Arche Noah. Auch Heiligenhafen und die Insel Fehmarn sind immer ein Besuch wert (mit Aquarium, Strand, kleine, schöne Dörfer und schöne Häfen) ... Von Lübeck aus sind diese Orte alle nach 30 Minuten bis eine Stunde Fahrt prima zu erreichen. Empfehlen können wir auch Niendorf an der Ostsee, kombiniert mit einem Besuch beim Erbeerhof ... Also hier bei uns im Norden gibt es viel zu sehen ;-) (Svenja F.)

Österreich: Immer eine Reise wert

Warum nicht das Angenehme mit dem Nützlichen verbinden? Alle Jahre wieder findet in Österreich ein großes Zwillingstreffen statt. Da lohnt sich ein Besuch in jedem Fall.

Das österreichische Zwillingstreffen wird 2018 schon zum 35. Mal stattfinden und zwar in St. Johann in Tirol. Erfunden hat das Treffen der Österreicher Max Strafinger, der selbst ein Zwilling ist - aber nur vom Sternzeichen her.

Und seitdem treffen sich hier alle Jahre erwachsene Zwillinge und immer auch ein paar Zwillingseltern mit ihren Kindern in Österreich. Manche Paare kommen immer wieder, weil sie inzwischen Freundschaft mit anderen Zwillingen geschlossen haben.

Die Veranstaltung hat immer auch ein Rahmenprogramm mit touristischen Inhalten. Auch das schätzen die Zwillinge. Für Zwillingseltern lohnt es sich vor allem, am eigentlichen Treffen teilzunehmen.

Inzwischen ist es längst Max Strafingers Tochter, die die Planung fest in der Hand hat.

Wir halten Euch über das Treffen auf dem laufenden. Und auch alle anderen Termine sind immer auch auf unserer Homepage unter www.twins.de veröffentlicht.

Familienurlaub in der Schweiz

Schweizerische Familien kennen die Ferien in einem der Reka-Dörfer. Diese Urlaube stehen für Familienferien, die vor allem für die Kinder ein tolles Programm anbieten. Die Preise sind moderat, die Angebote können auch von Nicht-Schweizern genutzt werden.

So wird das Reiseland Schweiz erschwinglich

Die Schweiz ist ein sicheres Reiseland und die Gastgeber sprechen Deutsch. Ganz auf die Bedürfnisse von großen und kleinen Familienmitgliedern hat sich die Schweizer Reisekasse Reka mit ihren zwölf Feriendörfern eingestellt. Reka bietet Familien Urlaub in der Schweiz zu erschwinglichen Preisen, zahlreiche Freizeitangebote und eine kostenlose Kinderbetreuung. Deutsche Familien profitieren besonders von den Preisen der Zwischensaison, da die Ferienzeiten in der Schweiz größtenteils anders fallen.

Das erwartet die Urlaubsfamilien bei Reka:

* Alle Feriendörfer sind mit öffentlichen Verkehrsmitteln zu erreichen.
* Die Anlagen liegen inmitten der unberührten und gleichzeitig zugänglichen.
* Eine tolle Natur unseres Nachbarlandes.
* Familien erleben hier Schweizer Gemütlichkeit und Traditionen.

* Zahlreiche Spiel- und Freizeitmöglichkeiten vor Ort.
* Das Rekalino genannte Familienprogramm wartet mit zahlreichen Angeboten wie Spielplätzen, Sportangeboten, Wanderungen oder Radtouren auf.
* Kostenlose Kinderbetreuung, wenn die Zwillingseltern mal ausspannen wollen.
* Ein Schwimmbad drinnen oder draußen und immer mit Kinderplanschbecken.
* Vergünstigungen in vielen Ausflugszielen der jeweiligen Ferienregion.
* Als Beispiel sei das Reka-Feriendorf Blatten-Belalp (Wallis) gennant.
* Ferienhäuser im urigen Blatten, umgeben vom UNESCO-Welterbe Schweizer Alpen (siehe Foto).
* Blick auf die imposante Bergwelt aus allen Ferienwohnungen.
* In dem Feriendorf dreht sich alles um die sagenumwobene Belalp-Hexe, zum Beispiel mit einem Hexen-Spielplatz.
* Preisbeispiele aus dem Sommer 2017: 2½-Zimmer-Wohnung/4 Personen, ab 756 CHF für 7 Nächte, 3½-Zimmer Wohnung/6 Personen, ab 896 CHF für 7 Nächte.

Wer oder was ist die Reka?

Die gemeinnützige Genossenschaft Schweizer Reisekasse Reka ist für viele Deutsche noch ein Geheimtipp, dabei ist

Für Familien mit Kindern sind die Feriendörfer der Reka ein Begriff. Hier können Familien Urlaub machen und bekommen ein tolles Programm für die Kinder geboten.

sie die Nummer eins für Familienferien in der Schweiz.

Für Reka steht an erster Stelle, dass sich die ganze Familie erholt, Eltern Auszeiten für sich finden und die Kinder gleichzeitig jede Menge Abenteuer erleben. Bei Familienabenden bringen die Gastgeber den Familien Schweizer Traditionen näher und servieren zum Beispiel ein typisches Raclette. Die einzelnen Feriendörfer haben sich Themen wie „Bei Tieren und Bauern", „Goldrausch oder „Zirkuswelt" verschrieben und ihr Rekalino genanntes Familienprogramm darauf ausgerichtet.

Die Reka hat auch ein Angebot im Nachbarland Italien

Neben zwölf Feriendörfern und einem Hotel in der Schweiz gibt es auch ein Ferienressort in Italien sowie Ferienwohnungen in der Schweiz, Belgien, Deutschland, Frankreich, Italien, Kroatien, Spanien und den Niederlanden.

Alle Feriendörfer sind mit öffentlichen Verkehrsmitteln zu erreichen und Reka fördert einen sanften Tourismus, achtet auf nachhaltiges und umweltbewusstes Bauen und Handeln und geht mit ökologischen Ressourcen verantwortungsbewusst um. Ihren Strom bezieht sie zu 100 Prozent aus erneuerbaren Energien. Reka hat sich konkrete Ziele gesteckt, den Energie- und Stromverbrauch zu senken. Dahingehend werden die eigenen Feriendörfer und -anlagen stetig optimiert und neue Projekte werden konsequent nach dem besten ökologischen Stand der Technik umgesetzt.

Als nicht gewinnorientiertes Unternehmen investiert Reka Gewinne in den Erhalt und Ausbau ihrer Angebote und in das Rekalino-Programm. Außerdem ermöglicht Reka Schweizer Eltern mit geringem Einkommen Urlaub für nur 100 Schweizer Franken. Ein weiteres Geschäftsfeld ist das Reka-Geld, das Schweizer Privatpersonen als Zahlungsmittel für Freizeitaktivitäten verwenden können. Das Freizeitgeld ist eine beliebte Lohnnebenleistung, die mehr als 4.200 schweizerische Arbeitgeber ihren Mitarbeitern anbieten.

Mehr über günstige Familieferien in der Schweiz unter: **www.reka.ch**

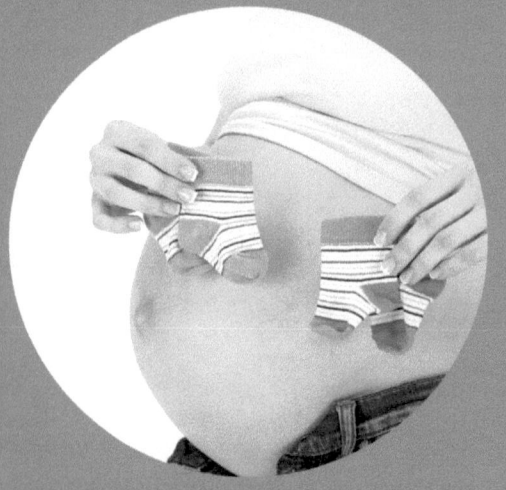

GEBURTSVORBEREITUNG FÜR ZWILLINGSSCHWANGER

IN BERLIN

INHALT

- Wahl des Geburtsortes
- Erstausstattung
- Geburtsverlauf, Geburtspositionen
- Natürliche Geburt / Kaiserschnitt / BEL
- Informationen über Klinikroutinen
- Bindung vor und nach der Geburt
- Stillvorbereitung
- Die ersten Tage mit Zwillingen / Wochenbett
- Unterstützungsmöglichkeiten
- Frühchen
- Austausch und individuelle Fragen

PRAKTISCHE ÜBUNGEN

Atem- und Entspannungsübungen
Körperarbeit, Masssagen
Gedanken-/Geburtsreise
Schulung der Körperwahrnehmung

INFORMATIONEN

Wann:
Sa.- So. 14. & 15. 10.2017
10-17 Uhr inkl. 1 h Mittagspause
neue Termine auf Anfrage
Wo:
Stubenrauchstrasse 5
12161 Berlin

Wieviel:
Gesetzlichversicherte: keine*
Privatversicherte: 163,20 €
Partner: 120 € **

* Der Kostenanteil für Schwangere wird durch Teilnahmebestätigung direkt mit der Krankenkasse abgerechnet.
**Der Partneranteil wird von einigen Krankenkassen erstattet.

Wer:
Jana Friedrich (Hebamme)
Inga Sarrazin (Zwillingsmutter und Stillberaterin (AFS)

Wie:
jana@hebammenblog.de
inga.sarrazin@maternita.de

Was:
Versichertenkarte
gemütliche Kleidung
Partner

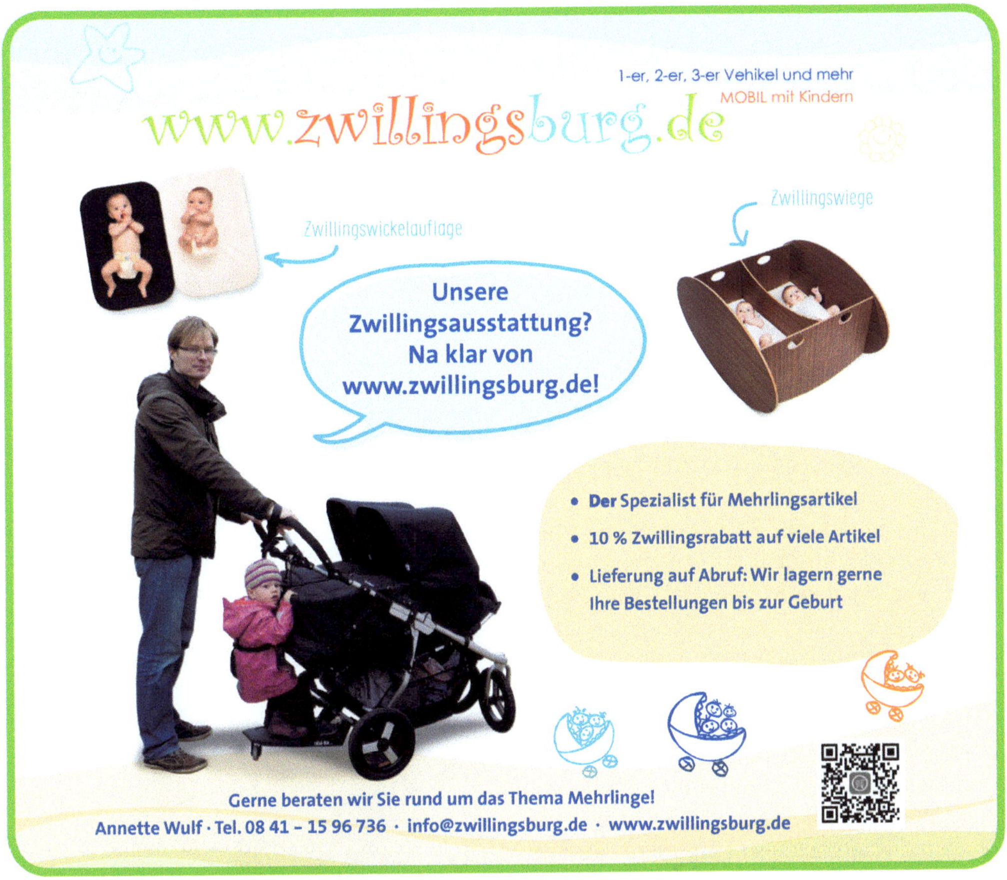
1-er, 2-er, 3-er Vehikel und mehr
MOBIL mit Kindern
www.zwillingsburg.de
Zwillingswickelauflage
Zwillingswiege
Unsere Zwillingsausstattung? Na klar von www.zwillingsburg.de!
• Der Spezialist für Mehrlingsartikel
• 10 % Zwillingsrabatt auf viele Artikel
• Lieferung auf Abruf: Wir lagern gerne Ihre Bestellungen bis zur Geburt
Gerne beraten wir Sie rund um das Thema Mehrlinge!
Annette Wulf · Tel. 08 41 – 15 96 736 · info@zwillingsburg.de · www.zwillingsburg.de

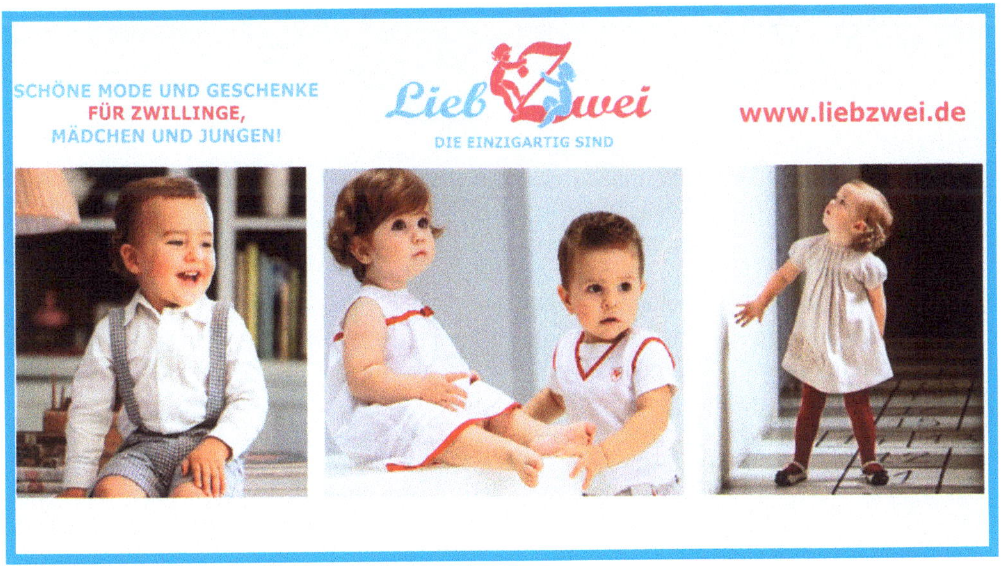
SCHÖNE MODE UND GESCHENKE
FÜR ZWILLINGE,
MÄDCHEN UND JUNGEN!
LiebZwei
DIE EINZIGARTIG SIND
www.liebzwei.de

Vermisstensuche statt Proseccowaffeln ...

Wer Zwillinge hat, der kann etwas erzählen. Dorothee erzählt uns den neuesten Schwank aus ihrem Leben als Zwillingsmutter.

Der Tag versprach gut zu werden. Unsere Töchter hatten sich vom Aufstehen bis zum morgendlichen Aufbruch zur Schule noch kein einziges Mal in die Haare bekommen und waren guter Dinge.

Dafür sorgte Korbi für eine extreme Adrenalin- und Cortisolausschüttung meinerseits schon am frühen Morgen. Ich hatte gerade Franzi zur Schule verabschiedet, die Haustür fest verschlossen (aber ausnahmsweise nicht gleich wieder zugesperrt) und machte mich dran, den widerspenstigen Vinzenz mit einer dringend benötigten frischen Windel zu beglücken. Diese Notwendigkeit sah er allerdings als überhaupt nicht gegeben an und veranstaltete ein stimmkräftiges Theater.

Jenes Konzert nützte Korbi offenbar dazu - von mir völlig unbemerkt - in seine quietschgelben Gummistiefel zu schlüpfen und sich klammheimlich aus der Haustür zu schleichen. Er war sogar darauf bedacht, die Haustür wieder leise zu schließen, dass ich von seiner Flucht - beeinträchtigt durch Vinzis Dauergebrüll - überhaupt nichts mitbekommen sollte.

Als ich Vinzi nach langen Minuten Kampf endlich komplett fertig angezogen hatte und nun Korbi dieselbe Prozedur angedeihen lassen wollte, musste ich nach kurzem Suchen in allen Stockwerken unseres Hauses mit großem Schrecken feststellen, dass er anscheinend das Weite gesucht hatte.

Und so blieb mir nichts anderes übrig -

Vinzi und Korbi gehören zur Rasse der „Flüchtenden" ... man muss sie rechtzeitig wieder einfangen, wenn sie morgens heimlich das Haus verlassen.

zum großen Amusement eines entfernteren Nachbarns, der gerade seine morgendlich Gassirunde drehte - halb nackt, mit Vinzi auf dem Arm und ständig in immer schriller werdenden Ton nach Korbinian zu rufen.

Vinzenz schien das Durchbrechen der morgendlichen Alltagsroutine offensichtlich sehr zu erquicken. Was bot ich auch für ein Bild, nur mit einem Sommernachthemd, das gerade etwas mehr als mein Gesäß bedeckte, und mit einem vor sich hinschmollenden Kleinkind auf dem Arm, völlig ungekämmt und barfüßig, hastig rennend und gleichzeitig nach Korbi schreiend …

Nach einer gefühlten Ewigkeit (wahrscheinlich waren es in der Realität nur zwei, drei Minuten) entdeckte ich dann - dem Himmel sei Dank! - den wohlbehaltenen Korbi zwei Straßen von unserem Haus entfernt. Er drückte sich in seinem Schlafanzug an die Wand eines Gartenhäuschens, sein orangegrüner Kinderrasenmäher, der ihn auf seinem Ausflug begleitet hatte, stand etwas verlassen neben ihm.

Korbis Blickrichtung ging angestrengt in Richtung Wand, um nicht der umsichtigen Radfahrerin, die ihn - nachdem sie unseren Sohn in der Mitte der Straße mit dem Rasenmäher schiebend entdeckt hatte - auf den Bürgersteig gelotst hatte, Rede und Antwort stehen zu müssen.

Kaum hatte er mich erblickt, wollte er seine Ausfahrt schon wieder munter fortsetzen. Diesem Vorhaben musste ich mit aller Anstrengung einen Riegel vorschieben, indem ich beide Jungs auf meine Hüfte nahm.

Um 8.30 Uhr erwartete ich zu Hause Besuch einer lieben, kinderlosen Freundin, der ich bei ihrem Eintreffen wenigstens die Haustüre öffnen sollte, wenn ich es schon (unverständlicherweise …) nicht geschafft hatte, mich zu frisieren und anzuziehen, geschweige denn, die angekündigten Proseccowaffeln bereits ausgebacken zu haben. (Dorothee F.)

Was wir Euch wünschen ...

Wir wünschen eine schöne Adventszeit, besinnliche Weihnachtstage, sowie einen Guten Rutsch ins Jahr 2018

Die lustige Weihnachtskarte stammt von Domenik & Marc, deren Mutter Natalie Schmitz unsere Beschäftigungsbücher für Zwillinge „Zwillinge spielend fördern" & „Zwillinge fit für die Schule" geschrieben hat.

Bisher erschienene Ausgaben von
ZWILLINGE - *das Magazin*

Folgende Ausgaben unserer neuen Zeitschrift sind jederzeit & immer zu haben unter www.twins.de und auf allen gängigen Internet-Buchbestell-Portalen. Als Buch für 9,90 €, als E-Book für nur 7,99 € (nur bis Ausgabe 17). Von Ausgabe 01 bis inklusive Ausgabe 20 wurde das Magazin unter dem Titel: „Das neue ZWILLINGE Magazin" veröffentlicht. Danach haben wir die Zeitschrift umbenannt, damit sie im Internet besser gefunden wird.

- Das neue ZWILLINGE Magazin - Ausgabe 01: ISBN 978-3-927058-22-4 (print 9,90 €)
- Das neue ZWILLINGE Magazin - Ausgabe 02: ISBN 978-3-927058-25-5 (print 9,90 €)
- Das neue ZWILLINGE Magazin - Ausgabe 03: ISBN 978-3-927058-28-6 (print 9,90 €)
- Das neue ZWILLINGE Magazin - Ausgabe 04: ISBN 978-3-927058-32-3 (print 9,90 €)
- Das neue ZWILLINGE Magazin - Ausgabe 05: ISBN 978-3-927058-36-1 (print 9,90 €)
- Das neue ZWILLINGE Magazin - Ausgabe 06: ISBN 978-3-927058-53-8 (print 9,90 €)
- Das neue ZWILLINGE Magazin - Ausgabe 07: ISBN 978-3-927058-60-6 (print 9,90 €)
- Das neue ZWILLINGE Magazin - Ausgabe 08: ISBN 978-3-927058-65-1 (print 9,90 €)
- Das neue ZWILLINGE Magazin - Ausgabe 09: ISBN 978-3-927058-67-5 (print 9,90 €)
- Das neue ZWILLINGE Magazin - Ausgabe 10: ISBN 978-3-927058-73-6 (print 9,90 €)
- Das neue ZWILLINGE Magazin - Ausgabe 11: ISBN 978-3-927058-79-8 (print 9,90 €)
- Das neue ZWILLINGE Magazin - Ausgabe 12: ISBN 978-3-927058-82-2 (print 9,90 €)
- Das neue ZWILLINGE Magazin - Ausgabe 13: ISBN 978-3-927058-84-2 (print 9,90 €)
- Das neue ZWILLINGE Magazin - Ausgabe 14: ISBN 978-3-927058-90-4 (print 9,90 €)
- Das neue ZWILLINGE Magazin - Ausgabe 15: ISBN 978-3-927058-93-4 (print 9,90 €)
- Das neue ZWILLINGE Magazin - Ausgabe 16: ISBN 978-3-927058-95-8 (print 9,90 €)
- Das neue ZWILLINGE Magazin - Ausgabe 17: ISBN 978-3-927058-97-2 (print 9,90 €)
- Das neue ZWILLINGE Magazin - Nr. 18: ISBN 978-3-927058-99-6 (nur print - 7,99 €)
- Das neue ZWILLINGE Magazin - Nr. 19: ISBN 978-3-927058-39-2 (nur print - 7,99 €)
- Das neue ZWILLINGE Magazin - Nr. 20: ISBN 978-3-927058-43-9 (nur print - 7,99 €)
- ZWILLINGE - DAS MAGAZIN - Nr. 21: ISBN 978-3-927058-46-0 (nur print - 7,99 €)
- ZWILLINGE - DAS MAGAZIN - Nr. 22: ISBN 978-3-743141-65-0 (nur print - 7,99 €)
- ZWILLINGE - DAS MAGAZIN - Nr. 23 noch nicht erschienen (nur print - 7,99 €)
- ZWILLINGE - DAS MAGAZIN - Nr. 24 ISBN 978-3-7431-6633-2 (print 7,99 €)
- ZWILLINGE - DAS MAGAZIN - Nr. 25 ISBN 978-3-7431-7302-6 (print - 7,99 €)
- ZWILLINGE - DAS MAGAZIN - Nr. 26 ISBN 978-3-7448-1375-4 (print - 7,99 €)
- ZWILLINGE - DAS MAGAZIN - Nr. 27 ISBN 978-3-7448-6986-7 (print - 7,99 €)
- ZWILLINGE - DAS MAGAZIN - Nr. 28 ISBN 978-3-7448-9922-2 (print - 7,99 €)

Jedes Magazin (Buch) 9,90/bzw. 7,99 € portofrei im Internet oder plus Porto 1 € über www.twins.de - bis Ausgabe 17 und ab Ausgabe 24 auch als E-Book auf Amazon & anderen Portalen. E-Book für 5,99 €.

Nächste Ausgabe: ZWILLINGE - DAS MAGAZIN - Ausgabe 30 = Januar/Februar 2018 voraussichtlich ab 29. Jan. 2018*)

*) da das Heft bei Books on Demand produziert wird, können wir keinen definitiven Termin für das Erscheinen angeben, da wir auf die Produktionszeiten von BoD keinerlei Einfluss haben.